# Mitos

## Incas

*Para mi madre, Bernice Coslett*


## Agradecimientos

Quisiera expresar mi gratitud más sincera a Frank Salomon, Julia Meyerson, Tony Aveni, Colin McEwan y Nicole Casi, que leyeron y comentaron los primeros manuscritos de este libro. Soy el único responsable de los errores que persisten. Colin MacEwan fue a un tiempo generoso y acogedor facilitando mi trabajo en el Museo Británico y en los archivos fotográficos del Museum of Mankind. También quiero agradecer a Christopher Donnan por su inapreciable ayuda en las colecciones del Museo Británico. Muchas gracias a Christopher Donnan y a Michael Moseley por permitirme reproducir las ilustraciones. Finalmente, en la editorial del Museo Británico, quiero agradecer a Nina Shandloff, siempre generosa y persistente en el empeño de llevar adelante este proyecto, y a Coralie Hepburn, que dirigió este trabajo hasta su conclusión con la mayor eficacia y camaradería.

EL PASADO LEGENDARIO

# Mitos

## Incas

GARY URTON

Traducción:
José Miguel Serrano

Título original: *Inca Myths*

Sector Foresta, 1
28760 Tres Cantos
Tel. (91) 806 19 86
Fax (91) 804 40 28
Madrid - España
ISBN: 84-460-1502-1
Depósito legal: M. 348-2003
Impreso en Materoffset, S. L.
Colmenar Viejo (Madrid)

DISEÑO: Martin Richards
PORTADA: Slatter-Anderson
MAPAS: John Gilkes



En esta página:
*El lago Titicaca.*

Cubierta:
*Figurilla de llama, miniatura inca hecha en oro.*

# Índice

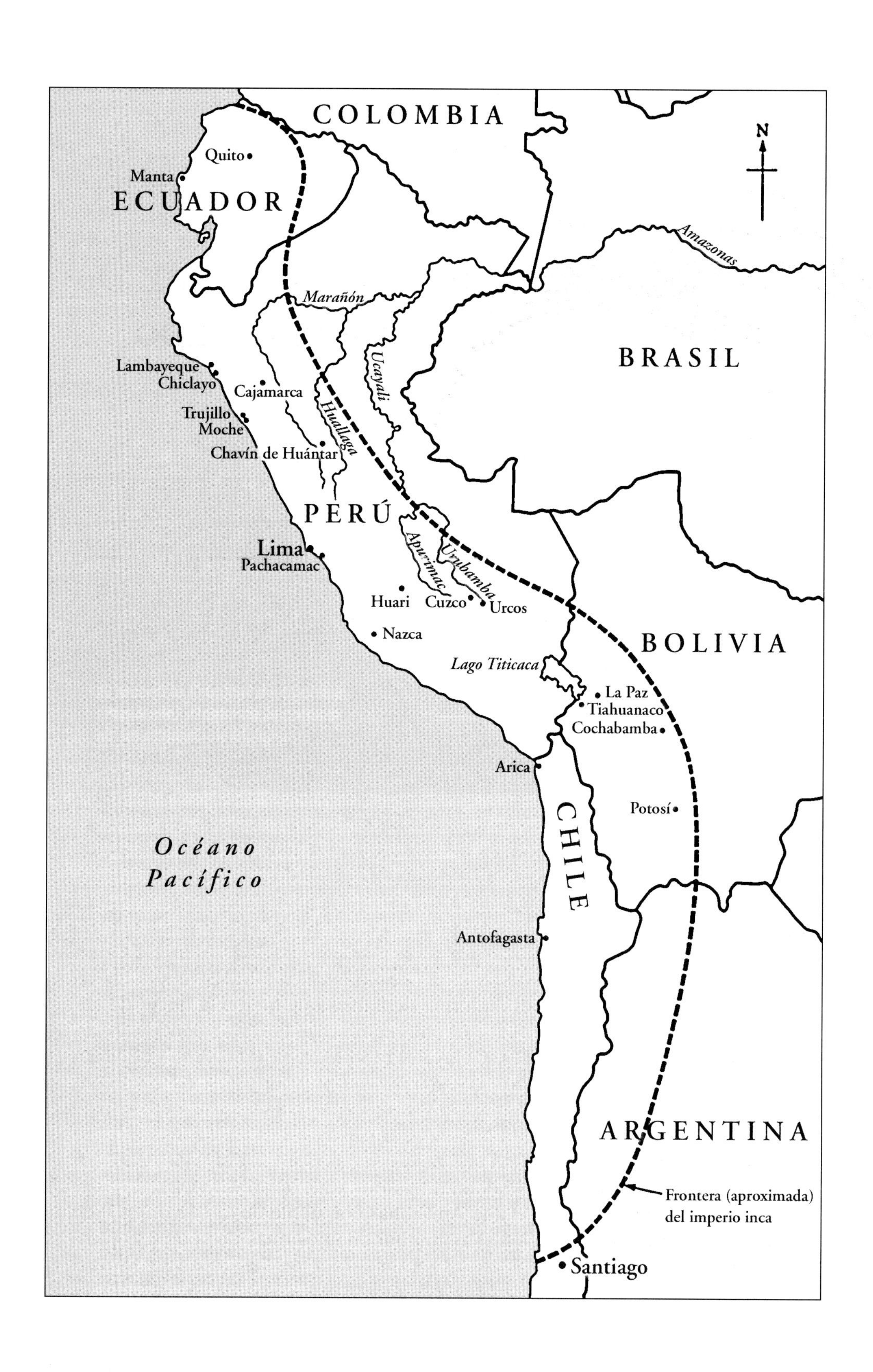
COLOMBIA
N
Quito
Manta
ECUADOR
Amazonas
Marañón
BRASIL
Ucayali
Lambayeque
Chiclayo
Cajamarca
Huallaga
Trujillo
Moche
Chavín de Huántar
PERÚ
Apurímac
Urubamba
Lima
Pachacamac
Huari
Cuzco
Urcos
Nazca
BOLIVIA
Lago Titicaca
La Paz
Tiahuanaco
Cochabamba
Arica
CHILE
Potosí
Océano
Pacífico
Antofagasta
ARGENTINA
Frontera (aproximada)
del imperio inca
Santiago

# Introducción: El marco de los mitos incas en el espacio y el tiempo

## La tierra y la gente de Tahuantinsuyu

Los Andes, el hogar de los incas, están constituidos por tres cadenas paralelas de montañas en América del Sur occidental que corren como una colosal espina dorsal desde el noroeste hasta el sureste, a través del centro de las naciones actuales de Ecuador, Perú y Bolivia (véase mapa). La frontera septentrional del imperio transcurría cerca del límite actual entre Ecuador y Colombia, mientras que hacia el sur se extendía casi hasta la mitad de lo que ahora es Chile y, hacia el este, hasta el noroeste de Argentina. Los incas dividieron este territorio en cuatro partes, y llamaron a esta tierra (y a su imperio) con el nombre de *Tahuantinsuyu,* «las cuatro partes unidas».

Aunque el imperio inca es generalmente calificado como una «civilización andina», expresión que evoca la imagen de una sociedad adaptada a un terreno escarpado y esencialmente montañoso, esta visión obscurece de hecho la gran complejidad medioambiental y la diversidad ecológica que existió dentro del territorio controlado por esta antigua comunidad. Pues aunque el accidentado terreno de los Andes formaba ciertamente el núcleo del territorio inca, era la relación entre las tierras altas y las dos franjas adyacentes de llanuras la que otorgaba a la civilización inca su auténtica riqueza ecológica y su diversidad cultural.

Una de estas franjas llanas es un desierto costero excepcionalmente seco que se extiende a lo largo del borde occidental del continente, bañado por las heladas aguas de la corriente de Humboldt. Numerosos ríos brotan del pie de monte de los Andes para dirigirse hacia el oeste hasta el océano Pacífico a través de esta llanura costera, formando fértiles oasis en forma de franjas que fueron el hogar de numerosas civilizaciones precolombinas. La otra región baja, que se extiende a lo largo del borde oriental de los Andes, incluye el bosque tropical húmedo que limita con las cuencas fluviales de los ríos Amazonas y Paraná.

Dentro del Perú, corazón del territorio inca, varios grandes ríos de montaña tributarios del Amazonas, como el Marañón, Huallaga y Ucayali, comienzan fluyendo hacia el norte, pero pronto atraviesan las sierras en dirección este, corriendo a través de abruptas laderas hasta las boscosas llanuras tropicales. Estas arterias fluviales, que conectan el alto Amazonas con el pie de monte oriental de los Andes, sirvieron durante milenios como importantes rutas de comercio y comunicación, uniendo las comunidades humanas de estos dos vastos escenarios ecológicos.

El marco medioambiental en el que la civilización inca creció incorporaba así pues tres zonas ecológicas, a saber, la costa, la montaña y el bosque tropical, cada una de las cuales era el hogar de algo parecido a un enjambre de grupos étnicos locales o regionales. Gracias a años de investigación arqueológica y al estudio de los documentos coloniales tempranos, los estudiosos han llegado a una amplia y general comprensión de cómo los incas y sus vecinos adaptaron su sociedad, su economía, sus instituciones políticas y sus rituales a la tierra de Tahuantinsuyu. En algunos casos, eso supuso una dependencia de prácticas probadas heredadas de civilizaciones anteriores; en otros casos, los incas se vieron forzados a crear nuevas instituciones y estrategias apropiadas, así como prácticas y principios nuevos de gobierno. De forma generalizada vamos a dar particular relevancia a una institución especial, y vamos a describir su relación con una extendida estrategia de adaptación por medio de la cual las sociedades andinas prehispánicas se enfrentaron al menos a los desafíos de adaptarse a este particular entorno medioambiental. Esta institución en cuestión era el *ayllu,* y la estrategia concreta fue la explotación de los recursos en distintos espacios ecológicos.

Los ayllus –palabra quechua que significa «familia», «linaje» o «facción»–, de los cuales había cientos de miles distribuidos a lo largo de los Andes incorporados al imperio inca, eran grupos de parentesco, con tierras propias y con rituales y ceremonias particulares. Los miembros de cada ayllu estaban dispersos de forma discontinua por una amplia zona. Esto quiere decir que algunos miembros del ayllu vivían en asentamientos de media montaña; otros habitarían en la alta puna; otros incluso estarían establecidos en zonas bajas, incluyendo valles en medio de las montañas, y las costas y/o tierras bajas de bosque tropical. La economía de cada ayllu estaría basada en el intercambio de bienes entre los miembros que habitaban en los distintos entornos ecológicos. Estos intercambios podían tener lugar por medio de los relativamente continuos movimientos de individuos pertenecientes al grupo que viajaban (posiblemente en caravanas de llamas) entre los asentamientos del ayllu, o en las reuniones anuales o festivales que reunían a los miembros del ayllu en algún centro destacado. Sabemos que los ayllus conservaban momias de los ancestros, que eran objeto de veneración por todo el grupo. Los festivales del ayllu pudieron haber propiciado el marco para la veneración de estas momias ancestrales, así como para evocar los mitos originales del ayllu.

Además de los ayllus, los estudiosos se refieren a menudo a la presencia de diferentes «grupos étnicos» en el imperio inca. En el caso inca, esta denominación se refiere a grupos de ayllus que reconocían entre ellos mismos un alto grado de unidad, a veces estableciendo sus orígenes comunes hasta el antecedente(s) único(s) de los ancestros de los diferentes ayllus. Tales colectividades de ayllus constituían también lo que ha dado en llamarse confederaciones (especialmente en los Andes meridionales). Otro nivel intermedio de organización, bastante común a lo largo del imperio inca, eran los agrupamientos dobles –llamados «mitades»– de ayllus. En muchos casos, las dos partes eran designadas vulgarmente como la superior» *(hanan)* y la «inferior» *(hurin),* lo que deriva de unas divisiones topográficas e hidrológicas localmente importantes, reconocidas con toda claridad en la distribución del agua a través de una red de canales de irrigación. Además, los ancestros de las «mitades» a menudo se suponía que tenían diferentes orígenes y especializaciones (por ejemplo, agricultores y ganaderos, autóctonos o inmigrantes, etc.).

*Grupo de morteros de piedra pulida en forma de llamas.*

El genio de la civilización inca consistió en la exitosa integración de estos diferentes y variados pueblos y recursos en una sociedad única y jerárquicamente organizada. Esto se produjo como resultado de un proceso de conquista y alianzas, así como gracias a un alto nivel de burocratización, lo que permitió que el Estado no sólo coordinara y dirigiera las actividades de los numerosos ayllus, grupos étnicos y confederaciones, sino también integrar y sintetizar lo que me gustaría llamar «historias míticas» de estos diversos grupos. En este aspecto, va a ser útil establecer desde el principio dos importantes distinciones –relacionadas entre sí pero necesarias– relativas a los mitos y tradiciones religiosas en los Andes precolombinos. Una será la distinción entre la religión de los Andes y la de los incas propiamente dicha, y la otra entre los mitos andinos y los mitos incas.

Como suelen reconocer los especialistas, con la expresión «religión andina» se acostumbra a denominar a un conjunto de creencias y prácticas de raíz local que identifican y rinden homenaje a la tierra, la montaña, los espíritus de las aguas y las divinidades vinculadas con los ayllus locales (o sea, provinciales) y los grupos étnicos y sus respectivos ancestros extendidos por todo el imperio. Estas creencias y prácticas estaban vinculadas y explicadas por mitos cósmicos de los orígenes, mitos centrados en las relaciones primordiales entre los hombres y los animales, así como en relatos de encuentros mitológicos entre los ancestros de los diferentes ayllus y grupos étnicos dentro de un área dada, que eran retenidos por los bardos de la región.

Por otro lado la «religión inca» comprende las creencias, ceremonias y prácticas rituales que eran promovidas por la nobleza inca y por sus agentes políticos y sacerdotales en beneficio del Estado inca. La mitología inca se suele referir así a las tradiciones míticas que contextualizaban, explicaban y justificaban los dogmas y los rituales del Estado frente a los súbditos de los incas. Aunque había numerosas similitudes e interconexiones entre los dos sistemas, el foco de la religión y de la mitología andina caía en la unidad y la perduración de cada uno de los miles de ayllus y de grupos étnicos, en tanto que el énfasis principal que subyace a la religión y la mitología inca era la unificación de tales grupos locales dentro de imperio al servicio –y bajo la hegemonía– de los incas.

Un tópico central en las prácticas de las religiones inca y andina era la veneración y el cuidado de las momias. La reverencia y el continuo cuidado de las momias de los reyes incas, así como de las momias ancestrales de los ayllus, llamadas *mallquis,* fue práctica fundamental en la religión de todos los pueblos a lo largo y ancho del imperio inca. Entre los incas y los pueblos sometidos se contaban numerosos mitos relativos a la vida y hazañas de esos individuos cuyos restos momificados se exponían en prominentes lugares públicos, o que se conservaban en cuevas cerca de las ciudades donde vivían sus descendientes. Se creía que el cuidado, el vestido y la alimentación con comida y bebida de las momias de los ancestros eran requisito esencial para el mantenimiento del orden cósmico, así como para la prolongación de la fertilidad de las cosechas y de los animales. Tales creencias y prácticas continuaron obsesionando a los sacerdotes españoles, que lucharon durante siglos para erradicar tales prácticas «idolátricas» y para cristianizar a los descendientes de los incas y a sus súbditos.

## La organización del Imperio inca

En el centro del imperio estaba la capital, Cuzco, situada en un valle fértil en el centro-sur de los Andes peruanos, a una altitud de aproximadamente 3.400 metros sobre el nivel del mar. Cuzco era la cuna del linaje real de los incas, del cual derivaban la docena de reyes que gobernaron el imperio desde un momento situado hacia el comienzo del s. XV hasta la conquista española de los Andes en 1532. La población de la ciudad, y por extensión del imperio en su conjunto, se dividía en cuatro distritos administrativos y sagrados, llamados *suyus* («parte» o «cuarto»). Empezando por el noroeste y siguiendo en el sentido de las agujas del reloj, las cuatro partes se llamaban Chinchaysuyu, Antisuyu, Collasuyu y Cuntisuyu. Los «cuartos» eran el resultado de una compleja intersección de dos divisiones duales de la ciudad de Cuzco. El auténtico centro de la ciudad de Cuzco y de los cuatro cuartos de la misma, y del imperio, era una serie de una media docena, poco más o menos, de edificios llamados Coricancha («recinto dorado»), que a veces son denominados como Templo del Sol.

Una habitación del Coricancha alojaba las momias de los reyes de los tiempos pasados del imperio. Estas se sacaban del Coricancha con motivo de importantes celebraciones rituales y, transportadas en literas, desfilaban alrededor de la plaza central de la ciudad. En otras estancias del Coricancha había imágenes que estaban dedicadas, y que representaban, al dios creador (Viracocha), al Sol, la Luna, Venus (del Amanecer y del Crepúsculo), al Trueno, al Arco Iris, así como a otros elementos menores también objeto de culto. Al igual que el Coricancha era el foco de la vida ritual de la capital, los palacios, las capillas, y la población de Cuzco representaban el punto central del imperio de Tahuantinsuyu como un todo.

En la cúspide de la jerarquía imperial se encontraba el rey inca, llamado *sapa* («único», «solo») *inca.* El inca gobernante era considerado descendiente directo del primer

*Los cuatro distritos del Imperio inca.*

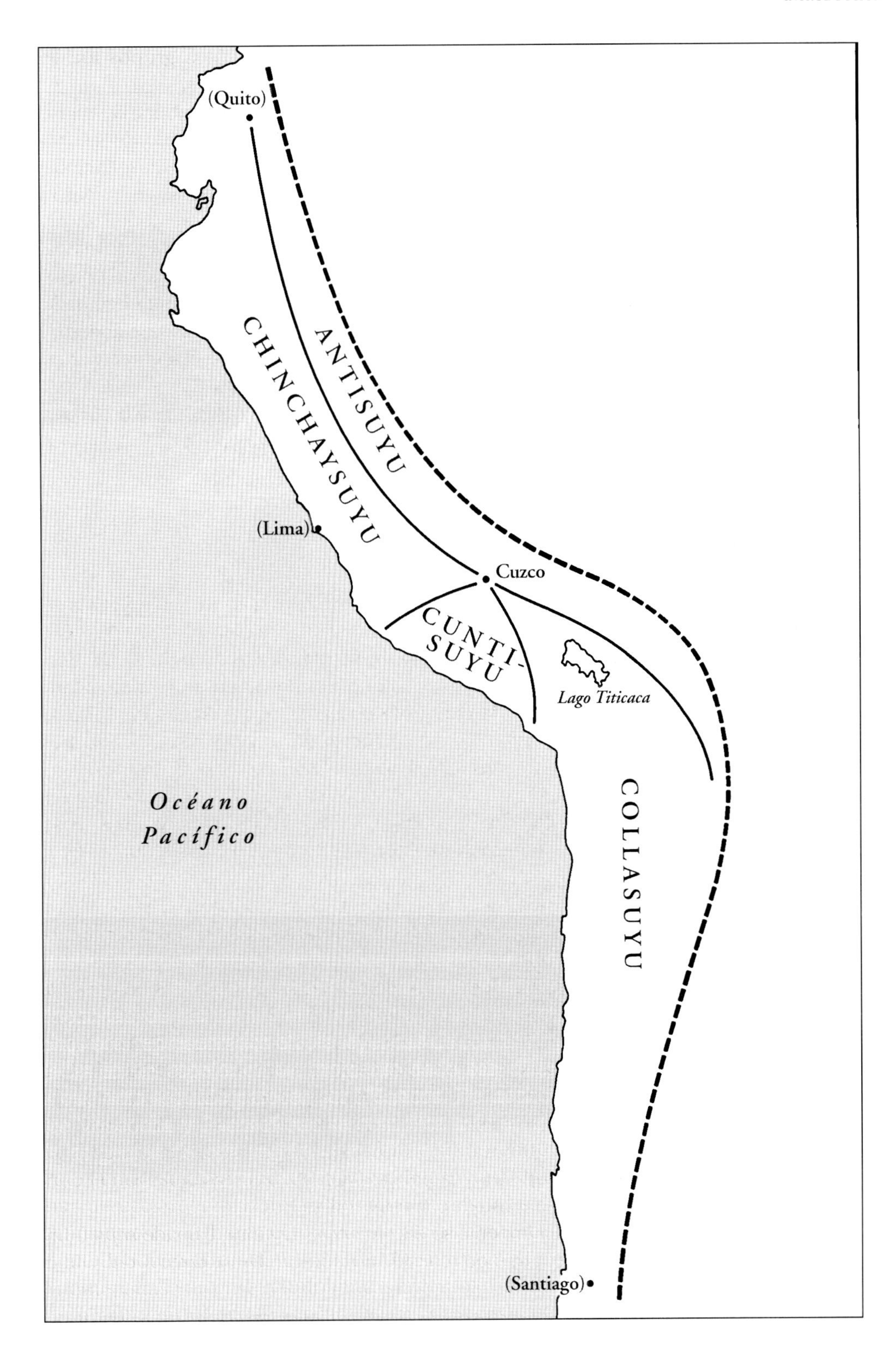
(Quito)
ANTISUYU
CHINCHAYSUYU
(Lima)
Cuzco
CUNTI-
SUYU
Lago Titicaca
COLLASUYU
Océano
Pacífico
(Santiago)

*Estancias orientales del Coricancha de Cuzco.*

rey, Manco Cápac, así como manifestación terrena del Sol *(inti),* cuya luz y calor hacían habitable el mundo de los altos Andes. Junto al rey se encontraba su esposa principal, llamada la *quoya* («reina»), que también solía ser, al menos en los tiempos imperiales tardíos, su hermana. La reina era considerada la encarnación humana de la luna *(quilla),* el elemento celestial cuyos ritmos mensuales de crecimiento y mengua establecían el ritmo de la vida ritual en la capital. Alrededor del rey inca y de la reina estaba la nobleza, los descendientes de la docena, poco mas o menos, de ayllus reales, o grupos de parentesco (llamados *panacas*) que ocupaban la capital. Los grupos de panacas estaban organizados jerárquicamente en función de su mayor o menor proximidad a la(s) línea(s) de reyes que descendían de Manco Cápac.

Además de la esposa principal, el rey tenía numerosas esposas secundarias –diversas fuentes españolas dicen que entre cuarenta y un centenar–. Estas mujeres eran a veces las hijas de notables provinciales de alto rango cuyo matrimonio con el inca elevaba así el rango de su linaje natal y del ayllu. Los hijos de las esposas secundarias eran considerados nobles de rango inferior, y muchos de ellos pasaban a ser funcionarios del imperio. A ellos se añadían tesoreros, archiveros, adivinos y oficiales militares, así como otros funcionarios que pertenecían a los linajes de panacas o ayllus que componían la baja nobleza.

Desde la capital eran enviados funcionarios a las cuatro esquinas del imperio para inspeccionar y regular los asuntos estatales, y especialmente para vigilar el cumplimiento de las obligaciones debidas al estado. En el imperio inca el tributo se ofrecía en forma de trabajo público, teniendo el ayllu local la obligación de trabajar las tierras o pastorear los rebaños de camélidos del rey y de los dioses en sus comunidades locales, al igual que se encargaban de los «turnos de servicio» *(mit'a)* en las instalaciones del estado. Para tales empresas los que habían de tributar se organizaban en grupos decimalmente concebidos (esto es, grupos de 5, 10, 100, 500, 1.000, etc., familias). La administración del estado se organizaba igualmente de forma decimal, con inspectores designados para dirigir los asuntos de los diferentes niveles de grupos de familias establecidos de acuerdo con este principio decimal, conservando registros por medio de un ingenio, llamado *quipu* («nudo», ver p. 26), que archivaba la información sobre la base de una numeración decimal. Los correos imperiales *(chaskis)* llevaban los mensajes entre la capital y los centros administrativos provinciales, situados en puntos neurálgicos –desde el punto de vista ecológico y demográfico– a lo largo del imperio.

Numerosos rituales y ceremonias estatales, tales como el diario sacrificio de un centenar de llamas en la plaza de Cuzco, la celebración de dos grandes festivales en honor del Sol en el momento de los solsticios en diciembre y junio, así como el Festival de la Luna en octubre, santificaban la unidad y la ancestralidad de la vida colectiva bajo la hegemonía de los incas. En las provincias, la mayoría de la población se componía de gentes del vulgo, o *hatunruna* («el gran pueblo»), que estaban organizados en gran numero de ayllus. En los asentamientos que ocupaban las distintas comarcas, los linajes de más abolengo detentaban señoríos hereditarios, llamados *curacas.* Los curacas actuaban como autoridades locales y agentes imperiales, inspeccionado asuntos del estado en beneficio de los incas dentro de sus respectivos territorios.

Una expresión ritual particularmente dramática de la unidad entre el inca en la capital y la población del imperio era el sacrificio anual de víctimas especialmente seleccionadas (normalmente niños) llamadas *capacochas*. Eran enviadas desde las provincias hasta Cuzco donde quedaban purificadas por los sacerdotes de los incas. Los capacochas eran entonces devueltos a sus territorios de origen, marchando en sagrada procesión a lo largo de líneas rectas *(ceques),* y allí eran sacrificados. A través de los documentos coloniales sabemos de capacochas que eran enterrados vivos en tumbas-pozo especialmente construidas al efecto, y recientemente se han descubierto capacochas sacrificados por medio de golpes, siendo sus cuerpos abandonados luego en las cimas de altos montes. En todos estos casos, los sacrificios sellaban vínculos de alianza entre las comunidades indígenas y el inca en Cuzco. El sacrificio de los capacochas también servía para reafirmar la relación jerárquica entre los incas, en el centro, y los más destacados linajes de las provincias.

Los incas usaron también una estrategia de control de la población y de organización económica por medio de la cual determinados ayllus, o partes de los mismos, fueron desplazados de sus territorios patrios, por voluntad del inca, con el fin de trabajar en proyectos estatales o servir de guardias en avanzadillas fronterizas. Estos pueblos trasladados eran llamados *mitimaes.* Tales desplazamientos –y la consiguiente mezcla de gentes– en la época imperial tuvieron indudablemente un profundo impacto en las percepciones del lugar original y en las historias (míticas) que sustentaban los grupos étnicos a todo lo largo y ancho del imperio. Finalmente había también una clase de siervos hereditarios conocidos como *yanaconas* («gente oscura/sirviente»). Se trataba de dependientes de la realeza, grupos que vivían y trabajaban en las tierras de los reyes y de la alta nobleza.

Al igual que los mitos de otras antiguas civilizaciones del mundo, los mitos de creación cósmica y los mitos de origen de los incas legitimaban su soberanía y justificaban su jerarquía social, al igual que las relaciones políticas y económicas que articulaban la sociedad en su conjunto. Es importante insistir, sin embargo, en que los incas se apoyaron en un bagaje de conocimiento, de creencias y prácticas que les llegaron de civilizaciones más antiguas. Esto no es nada raro, ya que pocos de los estados del mundo antiguo –si es que acaso hubo alguno– crecieron independientemente de los reinos o sociedades de jefatura preexistentes.

Los restos arqueológicos de los incas y de las civilizaciones preincaicas desde el Ecuador hacia el sur a través de Perú, Bolivia y Chile son muy nutridos y extremadamente variados. En muchas de estas culturas encontramos numerosos ejemplos de obras de arte con representaciones complejas e iconográficamente ricas de hombres y animales, así como composiciones humanas y animalísticas que parecen figurar entes sobrenaturales. Tales imágenes y escenas, al igual que los relevantes personajes que se alzan serenamente en medio de sus dependientes, las figuras aladas, los animales antropomorfizados, las criaturas vegetales y acuáticas que podemos ver pintadas en las cerámicas y en los productos textiles, o cinceladas en fragmentos de oro, ofrecen claves modestas con respecto a la naturaleza y las relaciones con las deidades indígenas, los espíritus y otros seres mitológicos de la época preincaica. Realmente, y siempre con la cautela debida, podemos contextualizar, enriquecer e ilustrar nuestra comprensión de la mitología inca repasando la evidencia arqueológica e iconográfica de estas civilizaciones.

## Precursores de los incas

Los incas no fueron la primera civilización andina que unificó a las gentes de Sudamérica occidental. En realidad, para los arqueólogos, es evidente que los incas fueron capaces de llevar a cabo una unificación tan rápida (a lo largo de unos pocos siglos) porque edificaron sobre relaciones, instituciones estatales, y formas de imperio claramente preexistentes y heredados de pueblos anteriores. Los estudiosos dividen la arqueología peruana en cinco períodos principales, basándose ante todo en la continuidad y en los cambios de las formas y decoraciones cerámicas en el tiempo y en el espacio. Tres de estos períodos son conocidos como «horizontes», una palabra que quiere indicar que fueron épocas de una relativa unidad en lo artístico, en la arquitectura, en los ritos y en la economía en amplias regiones de los Andes Centrales. Interponiéndose entre los tres horizontes se sitúan dos períodos llamados «intermedios», que se refieren a procesos de desarrollo local y regional (más que panandinos).

| Período | Época aproximada |
|---|---|
| Horizonte Temprano | 900-200 a.C. |
| Intermedio Temprano | 200 a.C.-500 d.C. |
| Horizonte Medio | 500 d.C.-1000 |
| Intermedio Tardío | 1000 d.C.-1400 |
| Horizonte Tardío | 1400 d.C.-1532 |

Una de las más antiguas civilizaciones previas a los incas es conocida como chavín. Esta cultura, cuya extensión en el tiempo y el espacio define el Horizonte Temprano, toma su nombre del lugar de Chavín de Huántar, que se sitúa en el punto de unión de dos pequeños cursos de agua cerca de las cabeceras de los ríos Marañón y Santa, en el altiplano central peruano. Chavín de Huántar ofrece todos los elementos de un centro ceremonial andino: pirámides con recubrimientos de piedra, con pasadizos internos que convergen en estancias destinadas a los orácu-los, plazas abiertas que se extienden flanqueadas por montículos hacia el exterior de las pirámides, así como una compleja disposición de estelas de piedra tallada y estatuas exentas que muestran una iconografía fácilmente reconocible. Los temas del arte chavín están inspirados en los animales, las plantas y los componentes de la vida acuática de la costa, los altiplanos y los bosques. Análogamente, los lugares que ofrecen esta iconografía bien diferenciada se extienden desde el alto Amazonas hacia el oeste, a través de los elevados valles intramontanos, hasta los exuberantes valles fluviales del desierto de la costa del Pacífico.

Las imágenes de Chavín incluyen animales, especialmente felinos, en posturas humanas, así como águilas, halcones, y una gran diversidad de serpientes, muchas de las cuales estaban representadas con formidables dientes. Un elemento frecuente que aparece en el arte chavín, y que seguirá siendo recurrente hasta la época de la conquista española, es la denominada «divinidad con bastón». Se trata de figuras erguidas en posición frontal, quizás representando una mezcla de hombre y animal, o una figura humana con máscara, masculina y femenina al mis-

*Fachada del Nuevo Templo chavín de Huántar.*

mo tiempo, que lleva en cada mano un bastón o quizás una caña de maíz. No sabemos cuál era el significado preciso o el sentido que tenían estas divinidades con bastón para el propio pueblo chavín. Sin embargo, dada la relevancia y frecuencia con que aparecen estas figuras en la época chavín tanto en la arquitectura como en el arte mueble, a todo lo largo y ancho de lo que actualmente es Perú, es casi seguro que se trataba de la representación de una potencia sobrenatural y de una personalidad excepcional, posiblemente un dios creador. Esta conclusión es muy verosímil por el hecho de que divinidades con bastón con posturas y características similares aparecen muy comúnmente en las representaciones artísticas desde la época chavín hasta –e incluyendo– los tiempos incas.

El Horizonte Temprano fue seguido por otro período, de aproximadamente la misma duración, en el que un cierto número de jefaturas locales se aliaron o compitieron las unas con las otras por el control de la población y de los recursos del ecológicamente variado paisaje de los Andes. Sería un grave error entender el período que siguió al Horizonte Temprano, conocido como Período Intermedio Temprano (200 a.C.-500), como una época de caos y de degeneración cultural, pese a que los mismos incas tendieron a presentar tales períodos de descentralización y regionalismo precisamente bajo esta perspectiva. En lugar de eso, durante esos tiempos se llevaron a cabo importantes innovaciones sociales, políticas y artísticas.

Por ejemplo, la construcción de ciudades en la región de las sociedades de jefaturas –o reinos– de la costa norte del Perú generó algunos centros urbanos de sorprendente complejidad. Ello tuvo lugar alrededor de lugares como Huaca del Sol, en el valle de Moche, y Pampa Grande, en el valle de Lambayeque. El re-

*Divinidad femenina con bastón, del período chavín; tela pintada.*

ciente descubrimiento de las tumbas de los señores de Sipán, cerca del actual Chiclayo, en Perú, muestra un nivel de desarrollo tal de la metalurgia que sólo puede ser comparado con las civilizaciones andinas posteriores. Estas obras de arte, ricas en representaciones de felinos, figuras mixtas humanas y de jaguar, así como en otras representaciones de animales, recuerdan en ciertos aspectos el arte de Chavín. La mitología que subyace y que dota de sentido a tales iconografías era sin duda compartida (o al menos conocida) por otras civilizaciones contemporáneas de la costa norte del Perú, así como por las civilizaciones andinas anteriores y posteriores.

Un especial conjunto de producciones artísticas de la costa norte del Perú, que ha sido objeto de un considerable cúmulo de estudios y de especulaciones por parte de los investigadores interesados en la representación iconográfica de los mitos andinos, es la cerámica moche modelada y pintada de forma figurativa. Aquí, particularmente en las escenas pintadas en las panzas de los vasos de asa de estribo, podemos ver figuras humanas o de animales antropomorfizados, pájaros y criaturas marinas, algunas de las cuales se piensa que fueron personalidades importantes en la mitología (moche) de la costa norte. Algunas de las figuras se muestran en posturas y en grupos que están tan formalizados, y se repiten con tanta regularidad, que los estudiosos han sugerido que las escenas representan un numero claramente limitado (un par de docenas quizás) de tópicos rituales mitológicos ampliamente compartidos. Las circunstancias rituales y los presupuestos mitológicos en tales escenas incluyen temas como la captura y el sacrificio de los guerreros enemigos, la ofrenda de bebida –que en algunos casos

*Construcciones de ladrillo en el valle de Lambayeque.*

*Huaca del Sol, valle de Moche.*

*Vasija moche de asa de estribo con representaciones de alubias y de un mensajero corriendo.*

parece representar cuencos llenos con la sangre de las víctimas del sacrificio– por los fieles en honor de los grandes señores, de las divinidades, así como el paso de un personaje por el cielo estrellado en una barca con forma de luna.

Si fijamos la vista en la costa sur del Perú durante el Período Intermedio Temprano, encontramos un menor énfasis, o al menos una menor evidencia, en cuanto al desarrollo de grandes centros urbanos con relación a lo que en el mismo momento encontrábamos en la costa norte. No obstante, había numerosos centros ceremoniales, como los de las cuencas del Pisco, Ica y Nazca, que posiblemente funcionaron como centros de peregrinación regional visitados por pueblos que pertenecían a diferentes grupos étnicos y que se reunían en estos centros por diversos motivos rituales y económicos. Además de esto, hay muchas necrópolis situadas en los valles fluviales de la costa sur del Perú datadas en el Horizonte Temprano y en el Período Intermedio Temprano, que son muy notables por las tumbas y por la disposición de las momias. Muchos de estos restos momificados están envueltos en telas bellamente elaboradas y bordadas que ofrecen un amplio conjunto de motivos iconográficos tanto naturalistas como sobrenaturales. Estos últimos han sido interpretados por los estudiosos en relación con prácticas rituales (especialmente vinculadas a la agricultura y a la guerra), así como con tradiciones ceremoniales de los residentes del valle.

El siguiente período de unificación cultural en los Andes precolombinos, período conocido como Horizonte Medio (500-1000 d.C.), contempló la emergencia de dos grandes centros políticos y rituales. Uno, llamado Tiahuanaco, estaba situado en la alta meseta boliviana (el altiplano), no lejos, tierra adentro, de la orilla sur del lago Titicaca; el otro, denominado Huari, estaba situado en la zona centro-meridional de las tierras altas del Perú. Las sociedades representadas por estos dos centros contemporáneos han sido designadas por ellos mismos.

*Tejido de Paracas.*

*Puerta del Sol, Tiahuanaco, mostrando la divinidad central con bastón flanqueada por sirvientes alados.*

Aunque hay ciertamente muchas características que distinguen a las sociedades Tiahuanaco y Huari, nos encontramos al mismo tiempo con notables similitudes. La principal de estas últimas es una rica y compleja iconografía que se manifiesta de diversas formas, sobre todo en piedra, vestidos, cerámica y en conchas. Muchas representaciones de significado religioso y mitológico aparecen con frecuencia tanto en el arte de Tiahuanaco como en el de Huari. Incluyen divinidades con bastón, figuras con cabeza de halcón aladas que corren, que se muestran con frecuencia de perfil en los bastones, y en algunos casos cabezas de enemigos decapitados. La posición y la localización en las composiciones arquitectónicas y de otro tipo, en las culturas de Tiahuanaco y Huari, de las divinidades con bastón apuntan al carácter central de esta figura en ambos centros, y acreditan una posible continuidad religiosa, ritual y mitológica a partir de figuras similares de los tiempos Chavín. Es muy posible que, como los dioses llamados creadores en los tiempos incas, como Viracocha y Pachacámac, las deidades de bastón de los pueblos Tiahuanaco y Huari fueran consideradas responsables del origen de los hombres y de la fertilidad de cosechas y animales.

Las divinidades de bastón, así como las numerosas imágenes de piedra, exentas, en sitios tales como Tiahuanaco, impactan hoy día a los turistas cuando se las ve *in situ,* al igual que sucedía cuando eran vistas en los tiempos incas por peregrinos y viajeros. Los incas que informaron en los primeros años de la conquista española contaron a sus conquistadores que las estatuas de Tiahuanaco representaban a una vieja raza de gigantes cuyos orígenes se hundían en los tiempos anteriores a la aparición de los reyes incas. De hecho, como veremos, un

*Estatua de piedra en Tiahuanaco.*

tema omnipresente tanto en la mitología de los incas como de sus súbditos a lo largo y ancho del actual Perú era la creencia de que sus ancestros venían del lago Titicaca y del propio lugar de Tiahuanaco.

El Período Intermedio Tardío (1400-100 d.C.) es una segunda etapa de desarrollo regional en la prehistoria de los Andes centrales. Este período se sitúa entre las sociedades del Horizonte Medio de Tiahuanaco y Huari y la emergencia de la civilización inca, cuya amplia expansión en el espacio y en el tiempo es denominada como Horizonte Tardío (1400 aprox.-1532).Una sociedad que aparece en el Período Intermedio Tardío y que es de particular interés para el estudio de los mitos andinos e incas es la de Chimu. Chimu es una sociedad-estado en la costa septentrional del Perú cuya capital estaba en Chan Chan, en el valle del río Moche. En Chan Chan, y en otros sitios que formaban parte del estado Chimu, encontramos restos de recintos reales masivos, incluyendo plazas a cielo abierto, túmulos funerarios y barrios administrativos. En estos emplazamientos se ofrece una gran variedad de frisos decorativos, que incluyen repetidamente imágenes de pájaros marinos y de fauna acuática, así como lo que ha sido interpretado como serpientes arco-iris bicéfalas.

Chimu, que a veces es mencionado bajo el término geográfico-lingüístico de *Yunga* («tierras bajas»), es particularmente importante para el estudio de los mitos incas por dos razones: primero, porque en la documentación de la época colonial temprana disponemos de un notable número de detalladas narraciones de las relaciones entre los reyes incas y Chimu en los tiempos míticos, así como encuentros entre ídolos de esas dos sociedades; en segundo lugar, porque el estado chimu supone posiblemente el único caso de estado preincaico andino del

*Friso de adobe del sitio de Chan Chan, valle de Moche.*

*Friso de adobe mostrando una serpiente bicéfala, Huaca el Dragón, valle de Moche.*

que se nos han conservado versiones de los mitos de los orígenes. Discutiremos más tarde los contenidos y el tenor de estos mitos.

La presentación que acabamos de realizar supone una revisión muy esquemática de la sucesión de culturas y de la periodización de las fases de desarrollo en la prehistoria andina que condujeron a la emergencia de los incas. La evolución cultural hasta el tiempo de los incas en el Horizonte Tardío incluye la monarquía, un estado altamente centralizado y dotado de burocracia, la redistribución económica de los recursos a nivel estatal y local (basada en los ayllu), sacerdocios y cultos a los antepasados, al igual que ricas tradiciones en el arte y en la iconografía bajo distintos soportes. Aunque nuestras fuentes de época colonial no mencionan directamente la cuestión de la continuidad a largo plazo de deidades y temas mitológicos uniendo una civilización y una fase cultural con la siguiente, la persistencia de determinados temas iconográficos (por ejemplo, los híbridos felino-humanos, las divinidades de bastón, guerreros con cabeza de halcón, «espíritus», etc.), así como el testimonio de la arqueología con respecto a la mezcla y a la combinación de culturas con el paso del tiempo –más que un recambio pleno de una cultura por otra– proporcionan importantes argumentos a la hipótesis de que las tradiciones mitológicas incas eran el producto de un largo y complejo proceso de innovación, tomando y reelaborando mitos que se proyectan a través de la sucesión de sociedades andinas.

En el próximo capítulo vamos a pasar revista a las fuentes de la época colonial temprana que detallan los contenidos de estas tradiciones andinas de los mitos cósmicos, estatales y locales. ❐

# Fuentes para el estudio de los mitos incas

¿Cómo podemos conocer los mitos de los incas acerca de ellos mismos y el mundo que les rodeaba? Lo primero que hay que señalar respecto a esta cuestión es que, de hecho, nada de lo que ahora adscribimos a los «mitos incas» ha llegado hasta nosotros a través de documentos que originalmente fueran escritos por gentes nativas andinas en sus propias lenguas antes de la llegada de los españoles. Y la razón de ello es que los incas no desarrollaron un sistema de escritura, o, si lo hicieron, no hemos tenido éxito hasta el momento en identificarlo o en descifrarlo. Así pues, todos los relatos de los mitos incas de que disponemos fueron registrados por los escribanos o por los cronistas españoles, o bien por nativos andinos educados a la española, todos los cuales escriben con cálamo o pluma sobre papel o pergamino. La mayoría de estos mitos están pues escritos en español. Sin embargo unos pocos documentos tempranos, tales como los del cronista nativo Felipe Guamán Poma de Ayala, o el de otro escritor indígena, Juan de Santacruz Pachacuti Yamqui Salcamaygua, están escritos en un español deliberadamente salpicado de palabras, frases y estructuras gramaticales que derivan o bien de la lengua franca de los incas –una lengua conocida como Quéchua– o bien de otra lengua también muy extendida pero no relacionada, el aymara, que era, y es todavía, la lengua comúnmente hablada alrededor del lago Titicaca y más al sur, a lo largo y ancho de gran parte de lo que en la actualidad es Bolivia.

Así como hay que tener presente la ausencia de escritos indígenas dedicados a los mitos incas, es importante valorar el papel desempeñado por un tipo de registro indígena muy particular, el *quipu,* en la recopilación y la transmisión de los mitos e historia incas de los primeros tiempos coloniales. Quipus, de la palabra quechua «nudos», eran manojos de cuerdas con nudos y coloreadas, que eran usadas por los incas para registrar información de tipo estadístico, como por ejemplo datos censales y de tributos, así como noticias que podían ser interpretadas –de alguna forma que no alcanzamos a entender plenamente– por expertos llamados *quipucamayoqs* («hacedores o cuidadores de nudos») para relatar historias acerca del pasado de los incas.

Antes de la llegada de los españoles, los relatos contenidos en los quipus eran expuestos por los quipucamayoqs en lugares públicos con ocasión de importantes ceremonias. La tarea de recordar y relatar el pasado era también obligación de los poetas-filósofos cortesanos, llamados *amautas.* Estas personas tenían la misión de ofrecer noticia detallada acerca de las genealogías y de las hazañas de los reyes y reinas incas, así como reproducir relatos acerca de coronaciones, batallas y

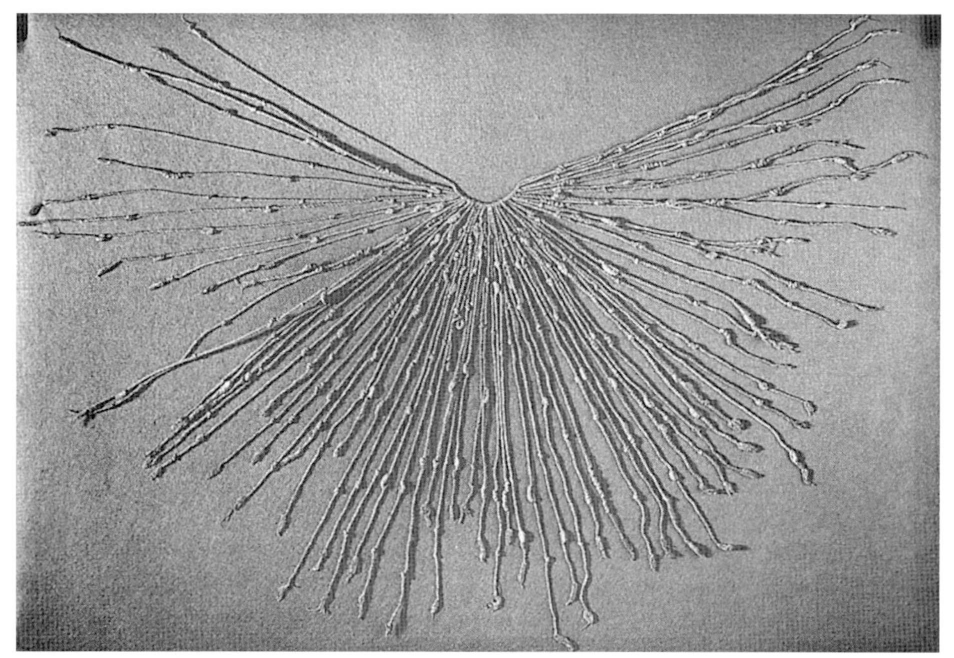

*Quipu, ingenio inca de cuerdas con nudos para registro de datos.*

similares en forma cantada, y escenificarlas a petición ante el rey y la corte. Después de la conquista española, estos mismos profesionales nativos se convirtieron en las principales fuentes de información a través de las cuales los españoles oyeron acerca de los mitos, las genealogías dinásticas, la historia y otros relatos acerca del pasado inca. En este proceso el registro del quipu era «leído» o interpretado por los quipucamayoqs en su propia lengua nativa, traducido al español por un traductor bilingüe *(lengua)* y puesto por escrito por un escribano español.

El hecho de que buena parte de la información relativa al pasado de los incas recogida por los españoles en los primeros años que siguieron a la conquista proceda de informantes (predominantemente masculinos) de Cuzco y que fueran miembros de la nobleza inca, proporciona un barniz definitivamente elitista, masculino y cuzcocentrista a todo el corpus de mitos que hasta ahora nos han quedado. Solamente cuando nos enfrentamos a documentos procedente de inicios o de mediados del siglo XVII empezamos a tener noticias relativas al vulgo (hombres y mujeres) de las provincias.

Tenemos también que recordar que el proceso más arriba descrito para leer los quipus, para traducirlos y transcribirlos, estaba lleno de oportunidades para las dos partes implicadas –nativos o españoles– para distorsionar, evitar, embellecer o en cualquier caso cambiar el relato con el fin de adaptarlo mejor a sus motivaciones personales y políticas. Esto pudo acarrear, por ejemplo, un cuidadoso arreglo de las genealogías históricas por parte de algunos nativos andinos que quisieran situar su linaje en mejor posición de cara a los españoles. Además de eso, queda claro que algunos españoles estaban francamente inclinados a presentar a los incas como tiranos y gobernantes ilegítimos. Este último tipo de manipulación del pasado se convirtió en parte integrante de la estrategia española

*Jarrón para libaciones qero-colonial, con imágenes de un inca y una reina con influencias hispánicas.*

para justificar su propia conquista y la imposición de su gobierno sobre los pueblos andinos.

No hay desgraciadamente un modo fácil o mágico para «leer entre líneas» en los relatos míticos y saber qué elementos son indígenas y cuáles son impuestos o importados por los nativos o los europeos con vista a objetivos particulares de tipo político. Solamente con un estudio combinado de los documentos coloniales con las investigaciones arqueológicas de los lugares incas podemos empezar a discernir el mito de la historia en las informaciones de los cronistas acerca de la «historia» inca. Así pues se requiere un cuidadoso y crítico estudio de las fuentes para que podamos acceder, verosímilmente, a lo que fueron las construcciones más relevantes y culturalmente llenas de contenidos de los mitos incas.

Un elemento adicional que no hay que perder de vista para apreciar plenamente la naturaleza y las limitaciones de las informaciones de los mitos contenidas en nuestras fuentes es que, puesto que las recopilaciones de que disponemos fueron todas puestas por escrito a partir del testimonio de informantes después de 1532, este corpus de mitos no presenta una cronología absoluta indiscutible. Así como podemos obviamente seguir la linealidad histórica dentro de un mito concreto, señalando que se dice que tal acontecimiento sucedió después de tal otro, no podemos por el contrario adscribir con claridad fechas absolutas a ninguno de estos acontecimientos en el período anterior al inicio de la puesta por escrito de estas historias en 1532, tan solo con la base de lo que las informaciones posteriores de la conquista nos dicen.

Desde el comienzo de la era colonial se han hecho ciertamente numerosos intentos para establecer un esquema de elementos fijos de tipo cronológico para interpretar las posibles significaciones de ciertos acontecimientos que cuentan los mitos incas. Entre ellos están los esfuerzos de los españoles por una parte para correlacionar eventos mencionados en los mitos incas de los orígenes (por ejemplo, un diluvio universal, la supuesta venida de discípulos de Cristo) con la «historia» bíblica, y por otra parte el empeño contemporáneo de imponer un tipo de linealidad lógica, occidental, incluyendo fechas absolutas, a la sucesión de reyes que se suponía habían gobernado en los Andes en los tiempos prehispánicos. Todas estas cronologías se apoyan en débiles bases y ninguna ha sido confirmada incluso en sus elementos más generales por las investigaciones científicas específicas. Solamente a través de la disciplina científica arqueológica, con sus técnicas de datación por el radiocarbono (y otras), podemos con cierta seguridad adscribir fechas a acontecimientos en la era prehispánica y, de esa forma, comenzar a construir un entramado cronológico para evaluar la historicidad de algunos elementos de los mitos incas.

## Principales cronistas de los mitos incas

Los trabajos de una docena de cronistas que escribieron durante el primer siglo que siguió a la conquista nos proporcionan el material básico para el estudio de la mitología inca. Entre los que vamos a mencionar a continuación, discutidos en general en orden cronológico, están algunos de los mas interesantes, útiles y fiables.

Cieza de León fue un soldado español que viajó a través de gran parte de América del Sur, a partir de los primeros días de la penetración española en el continente. Habiendo llegado al Perú hacia 1547, viajó durante varios años desde la costa septentrional, cerca de Tumbes, hacia el sur, a través de lo que había sido el corazón del imperio, hasta Charcas, en el centro-sur de Bolivia. Cieza fue un observador curioso que entabló contacto con numerosos informantes y tomó notas muy abundantes durante sus viajes. Hay muchas cosas de valor para el estudio de los mitos incas en las dos primeras partes de su *Crónica del Perú*. La primera parte de esta obra, publicada en 1553, contiene las descripciones geográficas de Cieza; la segunda parte, que lleva el título de *El Señorío de los Incas,* fue publicada en 1554 y es una de nuestras fuentes más tempranas sobre historia y mitología del imperio inca.

Juan de Betanzos nació en España pero pasó su vida adulta en Perú. Hacia 1541, Betanzos se casó con una princesa inca, una sobrina del último rey indiscutible, Huayna Cápac. Betanzos vivió en Cuzco, aprendió bien el quechua y sostuvo buenas amistades con numerosos descendientes de la nobleza de la que había sido la capital. En 1551 Betanzos recibió orden del virrey del Perú, Antonio de Mendoza, de escribir una historia de los incas. Su relato, que recientemente ha aparecido en la primera traducción al inglés con el título de *Narrative of the Incas* (trad. R. Hamilton y D. Buchanan, 1996), quedó terminado en 1557. Se trata de una de nuestras mejores fuentes acerca de los mitos incas contados desde el punto de vista de la nobleza inca de Cuzco durante las primeras décadas que siguen a la conquista.

Polo de Ondegardo sirvió como alto administrador colonial *(corregidor)* de Cuzco desde 1558 hasta 1561 y de nuevo desde 1571 hasta 1572. Como jurista con interés real en la religión, las costumbres y las «supersticiones» de los incas y sus descendientes, Polo llevó a cabo investigaciones relativas a estas materias, incluidos intentos, en buena parte con éxito, de ubicar y acomodar las momias de los reyes incas, entre los años 1550 y 1560. Estas actividades dieron como resultado la publicación de una serie de trabajos, incluyendo un tratado titulado *Los errores y supersticiones de los indios* (1567), así como una relación acerca de la religión y el sistema de gobierno de los incas. En ellos se proporciona una buena base para contextualizar nuestras tempranas referencias de los mitos incas. El material que se recoge en estas obras fue reelaborado e incorporado en gran número de obras posteriores, incluyendo las crónicas de Acosta y Cobo (ver más abajo).

Polo de Ondegardo fue el precursor y el más temprano exponente de una corriente o género que surge ya bien avanzado el siglo XVI, centrada en interpretar y escribir acerca de los incas y su historia, que se desarrolló en relación con la reorganización del estado colonial bajo la iniciativa del cuarto virrey del Perú, Francisco de Toledo (1569-1581). Toledo emprendió un programa de investigación acerca de la historia inca, incluyendo la organización y la estructura del imperio inca, como base para establecer reformas que afectarían prácticamente a todos los aspectos de la vida en la colonia, desde la forma de funcionamiento de la burocracia colonial hasta la localización y el establecimiento de poblados indígenas. Toledo ordenó asimismo escribir varias historias del imperio, basadas en entrevistas con la primitiva nobleza inca y con los quipucamayoqs.

Las crónicas elaboradas durante o inmediatamente después del virreinato de Toledo incluyen obras tales como las *Historia de los incas* de Sarmiento de Gamboa (1572), *Las fábulas y ritos de los incas* del cuzqueño Cristóbal de Molina (1575) y la *Historia natural y moral de las Indias* de José de Acosta (1590). Además, la *Miscelánea antártica* de Cabello de Balboa (1586), una excelente fuente para el conocimiento de los mitos de la costa septentrional del Perú (en el área de los pueblos Chimu), también incorpora elementos de mitología inca tomados de la crónica de Sarmiento de Gamboa.

Un tema común a todas estas historias es el presupuesto de que la dinastía inca representaba un régimen tirano que básicamente accedió al poder por medios fraudulentos. De acuerdo con la interpretación de Toledo, el poder inca no sólo era abusivo, sino también ilegítimo. Tales presupuestos despejaron el camino para la reivindicación de la conquista española como una empresa justificada, ya que reemplazó el poder de una nobleza falsa (la de los incas) por el legítimo gobierno de la Corona Española. Así pues, aunque las crónicas de Toledo representen una de nuestras más tempranas y mejor documentadas fuentes para el estudio de los mitos incas, es necesario leerlas críticamente, reconociendo los subyacentes elementos ideológicos y políticos.

Otra fuente importante para la mitología inca, pero también en cierta medida problemática, es la crónica escrita por el mestizo Garcilaso de la Vega (con sangre quechua y española). Garcilaso nació en Cuzco en 1539, hijo de una princesa inca, Isabel Chimpu Ocllo, y de un conquistador español, del que lleva el nombre de Garcilaso. Garcilaso vivió en Cuzco hasta los veinte años de edad y entonces, en 1560, viajó a España, donde permaneció el resto de su vida. En 1602 empezó a escribir su magna historia del imperio inca, titulada *Comentarios Reales de los Incas* (1609-1617). En parte memorial, en parte recopilación de fuentes anteriores, especialmente de la época de Toledo, el texto de Garcilaso contiene numerosos mitos, algunos de los cuales están atestiguados también en otros autores (especialmente en Blas Valera y José de Acosta), pero muchos de ellos no se encuentran en otros documentos, o se conservan en otras obras con notables variaciones con respecto a las versiones que incorpora Garcilaso.

Aproximadamente hacia la misma época en que apareció la crónica de Garcilaso, se elaboró un texto excepcionalmente importante acerca de la mitología de las comunidades de la región de Huarochirí, en las tierras altas del Perú central. Esta obra, que estaba escrita en lengua quechua, ha sido publicada en varios idiomas y con varios títulos, como por ejemplo la versión española llamada *Dioses y hombres de Huarochirí*, y más recientemente la versión inglesa, *The Huarochirí Manuscript* (trad. de F. Salomon y G. L. Urioste, 1991). La obra parece que se compuso bajo la dirección de un sacerdote que trabajaba en esta región, Francisco de Ávila, aunque su(s) autor(es) tuvo que ser claramente un nativo del área de Huarochirí. Esta obra representa una de nuestras mejores fuentes para el conocimiento de las tradiciones mitológicas prehispánicas y de los primeros tiempos de la colonización en un territorio que había sido provincia del imperio inca.

Aproximadamente en la misma época en la que se ponía por escrito el manuscrito Huarochirí, se componía en España un trabajo que es conocido como *Relación de los Quipucamayoqs* (1608/1542). Parece que fue recopilado por un pretendiente tardío al trono inca, un hombre llamado Melchior Carlos Inca, en 1608. En lo que parece ser un intento por incrementar el peso y la legitimidad en su reclamación al trono, Melchior incorporó en las primeras secciones de su manuscrito elementos mitológicos relativos a la fundación de la dinastía inca que derivan de una investigación llevada a cabo en Cuzco en 1542, ante el Licenciado Vaca de Castro. Los informantes en esta investigación fueron cuatro viejos quipucamayoqs que habían servido al inca como historiadores antes de la época de la conquista. Este material incorpora algunos de los más antiguos mitos de origen del estado inca que conservamos.

Hay que sacar a colación también a otro cronista español, Antonio de la Calancha, cuya *Crónica moralizada de la Orden de San Agustín en el Perú* (1638), contiene relevante información acerca de la religión, de las costumbres y de los mitos de los pueblos de la costa norte del Perú.

Un importante desarrollo en el registro de mitos fuera de Cuzco, que tuvo lugar durante el siglo XVII, fue la aparición de crónicas escritas por autores nativos que hablaban en quechua. El más notable de estos escritores fue Felipe Guamán Poma de Ayala y Juan de Santacruz Pachacuti Yamqui Salcamaygua.

Guamán Poma había nacido en Huamanga, en los Andes centrales peruanos. Nos dice que su padre era un notable local que sirvió como emisario del inca Huáscar ante Francisco Pizarro en Cajamarca. Guamán Poma recibió una intensa educación eclesiástica como sacerdote, en y alrededor de Huamanga, e incluso participó en la «extirpación» de las idolatrías nativas a finales del siglo XVI y comienzos del XVII. En 1613 Guamán completó su monumental obra, titulada *Nueva Crónica y Buen Gobierno* (1583-1613). Este documento contiene, en aproximadamente mil páginas, una descripción de la vida en el Perú antes, durante y después de la conquista española. Además del texto, la obra contiene también unos cuatrocientos dibujos que constituyen una de nuestras mejores fuentes de información acerca de las vestimentas incas, sus utensilios agrícolas, así como otros aspectos de su vida cotidiana, al igual que dibuja también escenas de rituales y de liturgia en lugares mencionados en algunos de los mitos de los orígenes, tales como la montaña y la cueva originaria del primer rey inca. Ya que Guamán Poma fue un temprano y ardiente converso al cristianismo, y que creía que fueron los reyes incas los que condujeron a sus súbditos andinos a la idolatría, su crónica contiene mucha información de valor para el estudio de los mitos incas.

Juan de Santacruz Pachacuti Yamqui Salcamaygua fue otro importante autor indígena, del área de Canas y de Canchis, a medio camino entre Cuzco y el lago Titicaca. Aunque también escribe desde la perspectiva de un cristiano converso, manifiesta en cierta forma más simpatía hacia los incas que Guamán Poma. En su trabajo, titulado *Relación de Antigüedades deste Reyno del Perú* (c. 1613), Pachacuti Yamqui incluye mitos, así como un sustancial conjunto de datos medio mitológicos o históricos que pueden vincularse con las leyendas narradas por otros autores. Su obra es decididamente muy especial y compleja en cuanto a sus composición, dado el frecuente uso de palabras y estructuras gramaticales del quechua, pero contiene muchos datos de interés y valor para el estudio de los mitos incas.

Bernabé Cobo era un sacerdote jesuita que había nacido en España; llegó al Perú en 1599 y permaneció allí, salvo unos pocos años, el resto de su vida. Cobo viajó de Lima a Cuzco en 1609, e invirtió buena parte de los veinte años siguientes emprendiendo tareas de evangelización y viajando por el sur de Perú y norte de Bolivia. En 1653 completó su magna obra, *Historia del Nuevo Mundo*. El traductor Roland Hamilton ha preparado dos excelentes traducciones de partes de la *Historia* de Cobo, bajo los títulos *History of the Inca Empire* (1983; libros 11 y 12 de la *Historia*) e *Inca Religion and Customs* (1990; libros 13 y 14 de la *Historia*). Cobo se inspira extensamente de las crónicas previas, incluidas las obras de Polo de Ondegardo, Cristóbal de Molina, José Acosta y Garcilaso de la Vega. Es considerado por muchos andinistas como una de las mas fiables fuentes para el conocimiento de la historia inca. Y ciertamente que los mitos, las descripciones de las ceremonias estatales, las referencias a las creencias y prácticas religiosas de los incas, que sintetiza de fuentes anteriores, constituyen nuestro compendio más equilibrado de la vida del imperio inca.

Un elenco final de documentos importantes para el estudio de los mitos incas son las llamadas «idolatrías». Estos documentos se encuadran en principio en la primera mitad del siglo XVII, como resultado de la investigación de los sacerdotes católicos respecto a lo que la iglesia consideraba que era la continuación de las prácticas idolátricas por los pueblos del territorio inca. Los indagadores entablaron contacto con las autoridades locales *(curacas)*, así como con los sanadores, «brujas» y otros adivinos o especialistas religiosos en relación a la persistencia del culto a las momias de los ancestros y a los lugares sagrados del territorio, tales como montañas, cuevas y fuentes. Estos documentos son una rica fuente de información para contextualizar los relatos mitológicos, incluyendo descripciones de creencias y prácticas similares a las de los incas, tal como narran las fuentes más antiguas. Además de eso, las «idolatrías» proporcionan testimonio de las continuas persecuciones religiosas de los nativos y nativas en el área andina durante la era colonial.

*Paqcha, ingenio de madera pintada utilizado para predicciones (época colonial).*

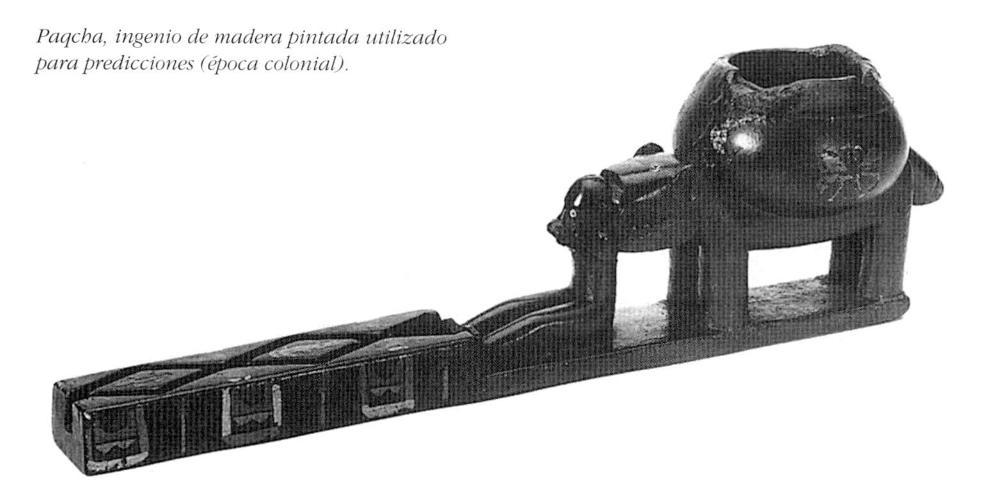

## Los temas locales, estatales y cósmicos que unen a los mitos incas

Uno de los hechos mas sobresalientes de los Andes precolombinos era la gran diversidad étnica que caracterizaba a los súbditos de los incas. Tal diversidad parece tener al menos dos consecuencias importantes para la forma y la esencia de los mitos en el Imperio. La primera es que esa diversidad necesitaba una explicación en sí misma. ¿Por qué eran tan diferentes los pueblos en cuanto a sus lenguas, vestimentas y otros hábitos y costumbres? ¿Tuvieron pueblos distantes, o vecinos, pero que parecían tan distintos en general uno de otro, un origen diferente? ¿O acaso tuvieron todos los pueblos del imperio un único origen?

Respuestas a preguntas como éstas, que están representadas en los contenidos de los propios mitos, nos llevan a diferenciar dos tipos de mitologías de los orígenes bastante diferentes. Por una parte, los pueblos de las distintas partes del imperio parece que insistieron en la especificidad de sus orígenes individuales, y por lo tanto los mitos resultantes de estas leyendas mitológicas e ideológicas localmente basadas presentan una multiplicidad de deidades creadoras, así como una diversidad de espacios y de tiempos en los orígenes. Tenemos así una docena de tales mitos de los orígenes procedentes de varias partes del Imperio, incluyendo la región del lago Titicaca, la costa norte, así como las tierras altas de centro y norte del Perú. Lo importante es darse cuenta de que tales mitos existen en número suficiente como para asegurar que los pueblos en las diferentes partes del imperio promovieron sus propias leyendas de los orígenes, así como su propio y específico lugar de origen en el territorio, como componentes de la identidad y unidad del ayllu o grupo étnico.

Los sacerdotes españoles y los cronistas tuvieron poca paciencia con esta noción de multiplicidad con respecto al lugar de los orígenes. Por ejemplo, Bernabé Cobo estaba claramente frustrado por las diferentes ideas acerca de las deidades creadoras y las múltiples versiones de mitos de los orígenes que encontró en Perú. Concluía que la razón de que este «pueblo ciego» aceptara todas estas diferentes ideas y creencias era que no sabían nada acerca del único y verdadero dios. Además, continuaba, «otro factor que contribuía era su carencia de tipo alguno de escritura. Si hubieran tenido un sistema de escritura, no podrían haber cometido tan curiosos errores».

Juan de Betanzos, que escribe un siglo antes que Cobo, concluye que la «confusión» se debía a una más siniestra causa, a saber, el diablo. Según presenta la cuestión «a veces ellos [los indios] consideran al Sol como al creador, otras veces dicen que se trata de Viracocha. En general, en todo el país y en cada una de sus provincias el diablo les ha confundido. En cualquier parte en la que el diablo se hubiese manifestado, les transmitía miles de engaños e ilusiones. Así que en verdad ha sido él quien les ha engañado y cegado».

Por otra parte, el alto grado de diversidad étnica que existía a lo largo del imperio parece que supuso un poderoso estímulo para el desarrollo de mitos que reflejaran a los diversos ayllus y grupos clánicos como descendientes de un único origen en los tiempos ancestrales. Esto es, que para que los diversos pueblos dentro del imperio comenzaran a pensar en ellos mismos como ciudadanos de una única sociedad, era esencial que hubiera una compleja historia y leyenda que los ligara conjuntamente, proyectando sus historias de un pasado común hacia la unidad futura. Esta última tendencia, que estaba motivada por los intereses políticos de la burocracia estatal inca para promover la unidad a través de todo el imperio, queda reflejada en los mitos que denotan una íntima conexión entre los orígenes de los reyes incas y ciertas características básicas de la organización imperial, tales como la estructuración jerárquica de los grupos de parentesco. Para apoyar su propuesta de que las estructuras imperiales estaban ordenadas de antemano y sancionadas por las fuerzas sobrenaturales, los mitógrafos incas y los narradores de historias legendarias vincularon el origen de los mitos incas con dos poderosas divinidades –una deidad creadora (por ejemplo, Viracocha o Pachacámac) y el Sol– así como con un lugar originario que se situaría cerca de Cuzco, llamado Pacaritambo.

Finalmente, a un nivel más amplio y general, los pueblos andinos, incluidos los incas, identificaron comúnmente el lago Titicaca y el emplazamiento de Tiahuanaco como el lugar principal donde el cosmos, incluido el Sol, la Luna, las estrellas y los Ancestros de los hombres, comenzó su existencia. Vamos a continuación a ver estos varios aspectos –locales, estatales y cósmicos– de los mitos incas de los orígenes en las leyendas y fábulas. ❒

# Mitos del origen cósmico

## Los orígenes cósmicos

La leyenda del origen del mundo que al parecer era narrada preferentemente por los informantes incas, especialmente en Cuzco, se centraba en el lago Titicaca. La mayoría de las versiones del mito de los orígenes empezaban diciendo que, en el comienzo de los tiempos, todo estaba en la oscuridad, y que el sol, la luna y las estrellas todavía no habían sido creadas. Dentro de esta primordial oscuridad emergió el creador Viracocha, cuyo nombre podría ser traducido como «grasa marina» o «espuma marina». En las diferentes versiones el creador es llamado Con Ticci Viracocha, Thunupa Viracocha, o Viracocha Pachayachachic. Posteriormente, en nuestra discusión acerca de los mitos de las provincias incas, veremos también ciertos mitos costeros que identifican al creador con Pachacámac («el hacedor de la tierra/el tiempo»).

*Lago Titicaca.*

En esta época y en este espacio de oscuridad, Viracocha, que es descrito por Betanzos como un dios que emerge del lago Titicaca, surgió y creó a la primera raza de la humanidad. Estos primeros seres, que algunos cronistas identifican como una raza de gigantes, vivieron en la oscuridad durante algún tiempo, pero entonces, por alguna razón no especificada, hicieron que Viracocha entrara en cólera. A causa de su enfado y su decepción respecto a ellos, el creador acabó con la primera edad por medio de una inundación y transformó a estos seres en piedra. Los restos de esta primera época eran todavía visibles –y lo son aún en la actualidad– en las esculturas de piedra del lugar de Tiahuanaco, cerca del lago Titicaca.

Viracocha emprendió entonces la creación de otra raza humana. Comenzó el segundo acto de la creación llamando en primer lugar al sol, la luna y las estrellas, que salieron de una isla del lago Titicaca. Los incas mantuvieron siempre un importante santuario, foco de peregrinaciones anuales, en una isla del lago Titicaca que reconocieron como la Isla del Sol. Después de crear las luminarias celestiales y ponerlas en movimiento, Viracocha elaboró una segunda raza humana. En uno de los relatos de esta historia de creación (Betanzos), Viracocha empezó por moldear a los individuos, a partir de la piedra, a lo largo de las orillas del lago, que se trabajaban con facilidad en esos tiempos. Hizo figuras de hombres, de mujeres (encintas y sin hijos), así como de niños.

*Estatua de piedra de Tiahuanaco.*

Cobo, en su versión de este mito, dice que después de que Viracocha hiciera a estas gentes, que llegaron a representar a las diferentes naciones de Tahuantinsuyu «pintó a cada uno con las ropas que debían ser usadas por cada nación, y también proporcionó a cada pueblo la lengua que debía hablar, las canciones que debían interpretar, al igual que la comida, las simientes, y los vegetales con los cuales debían sustentarse a sí mismos».

En la versión del mito de los orígenes que relata Cristóbal de Molina, leemos una relación ligeramente distinta de la forma en que los acontecimientos se sucedieron al inicio de los tiempos. Molina empieza su relato cuando el mundo estaba ya poblado. Entonces aconteció una gran inundación, cuyas aguas cubrieron incluso las montañas más altas. Los únicos supervivientes de este diluvio fueron un hombre y una mujer que, cuando las aguas se retiraron, fueron arrojados sobre la tierra en Tiahuanaco. Viracocha apareció y ordenó a la pareja que permaneciera allí como *mitimaes,* nombre dado a los grupos de gentes que eran desplazados por el inca desde su territorio nativo hacia otro lugar del imperio.

Molina dice entonces que, tras cesar la inundación, el creador se puso a repoblar la tierra, dando vida a los ancestros de las diferentes naciones de Tahuantinsuyu a base de barro y pintándolos con el aspecto del vestido que debían ostentar. Al mismo tiempo que Viracocha creaba esta segunda raza de humanos en Tiahuanaco, también dio allí vida a todos los animales y pájaros, haciendo un macho y una hembra de cada uno de ellos, indicando dónde debía habitar cada uno de los tipos de criaturas, lo que tenía que comer, y concediendo asimismo a cada tipo de ave su modo de cantar distintivo.

Conservando una pareja de sus criaturas consigo en el lago Titicaca, Viracocha envió a las otras lejos, bajo tierra. De acuerdo con Cristóbal de Molina, los dos personajes que Viracocha mantuvo consigo, y que en algunas versiones son considerados sus hijos, fueron llamados Imaymana Viracocha y Tocapo Viracocha. La repetición del nombre «Viracocha» ha sido interpretada como una forma de clasificación, que indica que la deidad o la fuerza sobrenatural en cuestión es reconocida como un creador. Encontraremos a estos dos hijos de Con Ticci Viracocha de nuevo más tarde.

La acción realizada por Viracocha, enviando lejos del lugar de origen en el lago Titicaca a esta nueva segunda generación de seres humanos hechos a partir de la piedra, se hizo de una forma tal que ajustaba la aparición de estas criaturas (que tendría lugar más tarde) precisamente en los lugares del territorio de Tahuantinsuyu que las diferentes «naciones» –que se supone descienden de estos seres ancestrales– reconocían como su lugar propio y único de origen. Esta dispersión de los ancestros hasta los lugares originarios se realizó desplazándose bajo tierra a la espera de la llamada del creador para salir a través de fuentes, de cuevas o de otros accidentes naturales.

Una vez «sembrada» la tierra con los futuros ancestros de las diferentes naciones del imperio, Viracocha volvió entonces para ayudar a sus dos hijos, a los que había creado (y mantenido junto a él) previamente. Instruyó al mayor, Imaymana Viracocha, para que viajara al noroeste desde el lago Titicaca, a lo largo de la ruta que bordeaba los bosques y montañas. El menor, Tocapo Viracocha, fue enviado por la ruta costera. Con Ticci Viracocha en persona se encargó de viajar en dirección noroeste a lo largo del camino que atravesaba las tierras altas centrales, y que discurría entre los caminos de sus dos hijos.

A medida que los tres creadores iban atravesando la tierra en este viaje primordial de creación, iban llamando a los ancestros de las poblaciones locales, que surgían de fuentes, cuevas y cimas de montañas. Además de esto, cuando los tres Viracocha atravesaban las tierras, iban nombrando a todos los árboles y plantas de los distintos lugares, estableciendo cuándo debía florecer y proporcionar el fruto cada una. Viracocha y sus hijos viajaron hasta el límite noroeste del imperio, llegando finalmente a Manta, en la costa del Ecuador. Desde aquí continuaron en la misma dirección, pasando al mar, viajando a través de las aguas hasta que desaparecieron.

## ¿Una tríada andina o la Trinidad cristiana?

El hecho de que la mayoría de las versiones del mito de los orígenes a partir del lago Titicaca identifique al creador con una trinidad (esto es, con tres Viracocha) ha inducido a algunos estudiosos a sugerir que este mito andino de la Creación, así como la misma idea de una deidad creadora, fue tomado por los pueblos andinos a partir del catolicismo español. Esta hipótesis cuenta con el apoyo de varias descripciones en las crónicas que muestran al creador como un hombre de piel clara, alto y barbudo. El cronista nativo Pachacuti Yamqui defiende apasionadamente que el creador, que se conoce con los nombre de Thunupa, Tarapaca y Thunupa Viracocha, era en realidad el apóstol santo Tomás, en tanto que el cronista nativo Guamán Poma identifica a Viracocha con san Bartolomé.

De hecho hay importantes argumentos para interpretar como elementos españoles los elementos triádicos de los mitos incas. Por ejemplo, está claro que muchos de los cronistas que registran los mitos incas se sentirían complacidos al ver un reflejo de sus propias creencias en los Andes, y podían haber estado inclinados a entender tales referencias en los relatos de los informantes. Algunos escritores nativos que adoptaron las creencias cristianas, como Guamán Poma de Ayala y Pachacuti Yamqui, intentaban incluso demostrar a sus señores (y lectores) españoles que eran fieles creyentes del único y verdadero dios. Además de ello estos dos cronistas nativos también argumentaban con consistencia que los pueblos andinos habían conocido al Dios de los cristianos y que por lo tanto también habían sido cristianos practicantes –con excepción de aquellos que fueron desviados por los reyes incas, que preconizaban la idolatría y el culto de las momias de los ancestros– antes de la llegada de los españoles.

A pesar del hecho de que en un mismo momento se da una convergencia de intereses y motivos que pudo conducir a que las tríadas y las deidades creadoras en los Andes aparecieran como productos de la influencia católica española, se trata por otra parte de un concepto muy general, que volvemos a encontrar en numerosas culturas por todo el mundo. Además, la particular forma de tríada con la que aquí nos encontramos, es decir, la de un padre/creador que es ayudado por sus dos hijos, parece muy diferente de las características trinitarias del cristianismo. En cualquier caso, dada la ausencia de fuentes que informan de como las deidades creadoras eran entendidas en la sociedad inca antes de la conquista española, nunca podremos ser capaces de resolver esta cuestión con absoluta certeza.

## Obras del Creador en y alrededor de Cuzco

En las versiones del mito de los orígenes que transmiten hacia 1550 Cieza de León y Juan de Betanzos, se otorga mucha más importancia a los acontecimientos que sucedieron en las tierras altas centrales cuando Con Ticci Viracocha viajó hacia el noroeste desde el lago Titicaca. Por ejemplo, Cieza dice que el creador, que tenía la apariencia de un hombre blanco alto, atravesó la ruta del altiplano curando a enfermos y devolviendo la vista a los ciegos por medio solo de sus palabras. Sin embargo, cuando Viracocha se aproximó a un lugar llamado Cacha, en el distrito de Canas (al sureste de Cuzco), la gente salió de la ciudad en actitud amenazadora, diciendo que iban a apedrearlo. Betanzos dice que la gente asaltó a Viracocha con armas.

Viracoha se puso de rodillas y alzó las manos al cielo, como si estuviera pidiendo ayuda. El cielo inmediatamente se cubrió de fuego, y el aterrorizado pueblo de Cacha se aproximó a Viracocha, pidiéndole que los perdonara y los salvara. El fuego se extinguió entonces (Betanzos dice que el creador dio al fuego tres golpes con su bastón), pero no antes de que hubiera calcinado las rocas de alrededor, de forma que enormes bloques quedaron consumidos y se volvieron ligeros como el corcho. Betanzos dice que él en persona viajó hasta Cacha para investigar acerca de este mítico incidente, y que claramente vio la tierra abrasada como resultado de este cataclismo.

Betanzos abunda en las repercusiones de los actos del creador en y alrededor de esta ciudad, anotando que el pueblo de Cacha empezó a considerar el lugar en el que ocurrió este acontecimiento como una *huaca,* o sitio sagrado. Labraron una gran piedra con la forma de un hombre en el sitio en el que Viracocha apareció, y ofrecieron oro y plata a la huaca y a la estatua. Betanzos es muy prolijo y detallado describiendo la apariencia física del creador, ya que este tema era para él de gran interés. Es decir, que no sólo nos cuenta que realmente vio la estatua del propio Viracocha, sino que también habló con la gente de los alrededores respecto al tema, preguntándoles acerca del aspecto que tenía Viracocha. A Betanzos le contaron que «él (Viracocha) era un hombre alto vestido con un hábito blanco que iba desde sus hombros y se anudaba en su cintura. Su pelo era corto y tenia una tonsura como la de un sacerdote. Iba con la cabeza descubierta y llevaba en sus manos algo que, le parecía a ellos, se asimilaba a los breviarios que los sacerdotes actuales suelen llevar». Betanzos dice que la gente de los alrededores de Cacha le contaron que el nombre del creador era Contiti Viracocha Pachayachachic, que él traduce como «Dios, creador del mundo».

Continuando con su descripción de los acontecimientos que tuvieron lugar durante el viaje de Viracocha hacia el noroeste, en dirección a Cuzco y desde el lago Titicaca, Betanzos dice que el creador llegó acto seguido a la ciudad de Urcos, a seis leguas de Cuzco (unos treinta y tres kilómetros). Una vez llegó allí, Viracocha subió a la cima de una alta montaña, se sentó en la cumbre, e invocó a los ancestros de los pueblos que eran nativos de esta región en la época de Betanzos para que salieran de la cumbre de la montaña. En homenaje al momento en que el creador se sentó en la cima de esta montaña, la gente de Urcos construyó un podio de oro allí, y colocaron sobre él la estatua de Viracocha. Molina nos cuenta que la estatua de Viracocha en Urcos era llamada *Atun-Viracocha* («gran creador») y que esta estatua tenía la forma de un hombre con un vestido blanco que le colgaba hasta los pies.

Desde Urcos, Viracocha pasó a Cuzco. Aquí, en el lugar de la que sería la capital del imperio inca, creó, o mandó salir de la tierra, a un gran señor, al que llamó Alcaviçça. Este nombre reaparecerá posteriormente como el nombre del pueblo indígena que vivía en el valle de Cuzco cuando los incas llegaron a él por vez primera. De hecho, el último gesto de Viracocha antes de dejar el valle de Cuzco fue ordenar que los llamados *orejones* –que significa obviamente «de orejas grandes», nombre dado a la nobleza inca debido a la costumbre de practicarse orificios en los lóbulos de las orejas para insertar allí aretes– emergieran de la tierra después de que él se fuera. Este último acto en Cuzco proporciona el nexo (en el relato de Betanzos) entre el mito del origen en el lago Titicaca y el mito del origen de los reyes incas.

El mito de los orígenes centrado en el lago Titicaca contiene varios elementos que sugieren con fuerza que estaba orientado hacia Cuzco y focalizado hacia la legitimación de las estructuras jerárquicas que sostenían el imperio inca. Por ejemplo, el territorio atravesado por los personajes del mito comienza en el lago y se orienta hacia el noroeste hasta la costa de Ecuador. Los relatos más detallados de encuentros del creador con pueblos –que suceden en Cachas y Urcos– se centran pues en los valles de los ríos Vilcanota y Urubamba, que fluyen hacia el noroeste cerca de Cuzco y dentro de propio valle de Cuzco. Así pues, parece indudable que los mitos de los orígenes del mundo recogidos de los informantes en la capital inca proyectaban una conexión esencial entre el lago Titicaca, el lugar de una de las más importantes civilizaciones del altiplano en tiempos preincaicos (Tiahuanaco) y Cuzco, la capital sucesora.

El mito de los orígenes que acabamos de presentar y discutir presta curiosamente poca atención a lo que son las divisiones principales de tipo geográfico, demográfico y político del imperio inca, a saber «las cuatro partes unidas». Una omisión especialmente llamativa en los mitos de los orígenes es el distrito de Collasuyu. Este trozo del imperio, que incluye el territorio del sureste de Cuzco, se extendía no sólo desde la capital hasta el lago Titicaca, sino mucho más lejos hacia el sureste, hasta el centro y sur de Bolivia y el noroeste de Argentina. Así, si la obra de la creación avanzó desde el lago Titicaca hacia el noroeste, ¿cuáles fueron pues los orígenes de Collasuyu, al sureste del lago Titicaca? ¿Acaso las poderosas naciones y confederaciones de naciones de Bolivia (los QaraQara y Charka, por ejemplo) no fueron creadas al mismo tiempo y de la misma forma que aquellas de las otras tres partes del imperio? No hay nada en los mitos que pueda dar respuesta a esta inquietante desatención de los incas respecto a esta parte del imperio. Una posibilidad es que los incas pudieron haber tomado y reelaborado –es decir, dándole nueva forma desde la perspectiva de Cuzco– los mitos del propio Collasuyu, esperando así incorporar en sus propios orígenes el poder y la legitimidad asociada, incluso en esos tiempos, con los poderosos reinos y confederaciones de lo que hoy es Bolivia.

Un mito que toma en consideración la división del mundo inca en cuatro partes al comienzo de los tiempos nos lo proporciona Garcilaso de la Vega en su obra *Comentarios Reales de los incas*. Garcilaso dice que después de que las aguas del diluvio se retiraran, un hombre, a quien el mito no da nombre alguno, apareció en Tiahuanaco. Este hombre era tan poderoso que dividió la tierra en cuatro partes, dando cada una de las partes a un rey. Manco Cápac recibió la división norte, Colla la sur, Tocay la oriental y Pinahua la occidental. Este «creador» de Tiahuanaco ordenó a cada rey que fuera al distrito que se le había asignado y que gobernara a los pueblos que allí vivían.

Sería oportuno en este punto hacer un sumario de algunos de los elementos claves que aparecen en los mitos que hasta ahora hemos discutido, y que pueden ser caracterizados como ideas básicas o paradigmáticas, acontecimientos y relaciones que volverán a reaparecer con sorprendente regularidad cuando dirijamos nuestra atención hacia los mitos de otros lugares del imperio, especialmente a lo largo de la cordillera de los Andes, desde Bolivia hacia el norte, hasta el Ecuador. A causa de su amplia distribución en el espacio y en el tiempo, han de representar conceptos y temas principales indígenas –o sea anteriores a la conquista–, que ilustran, dan forma, y unifican las tradiciones mitológicas a lo largo de todo el imperio.

El primer elemento paradigmático es la noción de que toda la humanidad (al menos dentro de lo que es el imperio), se originó en el lago Titicaca, siendo impulsada a la existencia allí por un dios creador supremo, comúnmente identificado con Viracocha. En segundo lugar, se aprecia claramente que cada grupo particular o pueblo –una «nación», ayllu o familia–, ocupando una determinada región, reconoce como su lugar único de origen un elemento específico del paisaje local, como una fuente o una cueva. Se harán ofrendas en este lugar, que será considerado como una huaca («lugar sagrado»), en pro del bienestar del grupo en su conjunto. Además de esto, los restos momificados de los ancestros del grupo se guardarán y serán venerados precisamente allí. El tercer elemento a destacar es la relación complementaria –que puede ser o bien de cooperación o, mas comúnmente, de tipo conflictivo– entre estos grupos o pueblos locales y autóctonos frente a grupos de foráneos que se supone llegaron a este escenario en el pasado como invasores y conquistadores. La relación resultante entre los extranjeros y los nativos se aplicará a la vida política dentro del territorio ocupado por los dos grupos. El elemento paradigmático final es un principio de rango o de jerarquía, que incluye todas las relaciones entre los pueblos, los lugares y las historias a lo largo del territorio. A medida que profundicemos en el tema, veremos a estos elementos paradigmáticos reaparecer en mitos a lo largo del imperio con notable regularidad. De momento es importante examinar otro tópico que subyace en las representaciones cósmicas de los comentaristas coloniales de los incas.

## Pachacuti: ciclos de creación y destrucción en mitos de las edades del mundo

Un concepto central en las cosmogonías incas y posteriores, quechua y aymara –ya de época colonial– es la noción de episodios regulares de destrucción, cataclismo y recreación consiguiente del mundo. Esta noción es evidente en los mitos en un modelo general cíclico que caracteriza la sucesión de los acontecimientos en épocas míticas. El concepto cíclico es evocado en la palabra quechua *pachacuti,* que viene a significar «revolución, giro sobre/alrededor *(cuti)*» del «tiempo y espacio» *(pacha)*. Pachacuti es el término a menudo empleado en las relaciones de los cronistas que se refieren a los numerosos episodios míticos de destrucción de los habitantes del mundo y su reemplazo por una nueva raza, como hemos visto ya en algunos de los mitos de origen del lago Titicaca. Este tema está bien representado en el corpus de mitos incas recopilados durante el período colonial, siendo uno de los mejores ejemplos el que ofrece Guamán Poma de Ayala en su *Nueva Crónica y Buen Gobierno*.

La versión, de mediados del siglo XVII, de Guamán Poma presenta en el mundo una sucesión de cinco edades. A partir de comparaciones con otras versiones, parece que el esquema general en la visión cósmica inca/andina era de cinco edades, cada una de ellas llamada «sol»; cada una de las edades/sol tuvo una duración de cinco mil años.

En la versión de Guamán Poma, la primera edad comenzó en una época de oscuridad primordial con una raza de la humanidad llamada *Wari Viracocharuna*. La palabra *wari* se refiere a un camélido híbrido, un cruce entre la llama y la alpaca; *runa* es la palabra quechua para «gente». Guamán Poma glosa este nombre como el del pueblo de la época del Arca de Noé del que descendían los españoles (además de ser la designación de la divinidad creadora, «Viracocha» fue usado también por los nativos andinos para referirse a los invasores europeos). La gente de la primera edad vivía con una rudimentaria tecnología y llevaba vestidos de hojas y otras materias vegetales sin elaborar. Guamán Poma dice que los Wari Viracocharuna adoraban en principio a Dios, pero que después perdieron su fe y comenzaron a venerar a las divinidades creadoras andinas, incluyendo dos formas de Viracocha –Ticci Viracocha y Caylla Viracocha–, así como a Pachacámac. La primera edad terminó de alguna forma que no queda especificada.

La segunda raza de la humanidad, llamada *Wari Runa*, estaba más adelantada que la precedente. Los Wari Runa tenían vestimentas de pieles de animales; practicaban una agricultura rudimentaria y vivían de forma sencilla y apacible, sin conocer la guerra. Reconocían a Viracocha como su creador. Esta segunda edad terminó con un diluvio.

La tercera edad de la humanidad era llamada *Purun Runa* («hombres salvajes»). La civilización se estaba haciendo cada vez más compleja, como atestigua el que las gentes de esta edad hicieran sus vestidos con pelo y lana teñida; practicaban la agricultura, la minería y conocían las técnicas de la joyería. La población creció muy por encima de los niveles anteriores, y mucha gente tuvo que emigrar a tierras bajas previamente deshabitadas. Cada ciudad tenia su propio rey y en conjunto la gente veneraba como creador a Pachacámac.

La cuarta edad fue la de un «pueblo guerrero», los *Auca Runa*. En algunos pasajes, Guamán Poma sugiere que la época temprana del imperio inca cae dentro de esta edad, pero en otras partes se dice que los incas vivieron en la quinta edad. Durante la época de los Auca Runa, el mundo se dividió en cuatro partes. El arte de la guerra se desarrolló, y las gentes se habituaron a vivir en lo alto de las montañas, en casas de piedra y fortificaciones, llamadas *pucaras*. Los ayllus se convirtieron en algo común en esta época, y una administración basada en el sistema decimal fue instaurada. En general las condiciones tecnológicas y materiales de vida estaban mas avanzadas y eran más complejas que en la edad previa. Guamán Poma no especifica como terminó esta edad.

*Las Primeras Cuatro Edades del Mundo, según Guamán Poma de Ayala.*

TERZERAEDADDEINS
PVRVNRVNA
puron runa
puron uarmi

ELQVARTOEDADDEINS
AVCARVNA
aucapacharuna
pucara

La quinta edad, o «sol», fue la de los incas. En su crónica, Guamán Poma ofrece una descripción de las principales instituciones del imperio, incluyendo la institución de la realeza, la burocracia establecida sobre la base de un sistema decimal, las categorías de edad de la población y la organización religiosa del imperio. Con respecto a esto último, los incas comenzaron a venerar los que Guamán Poma llama *guaca bilcas,* seres sobrenaturales que eran, como no deja de indicar, «los demonios de Cuzco». La quinta edad llegó a su final, por supuesto, con la conquista española.

Este breve resumen de la estructura de cinco edades, o «soles», de Guamán Poma omite muchos detalles de lo que de hecho es un relato complicado y bastante confuso. Guamán Poma mezcla muchos símbolos y sentimientos cristianos con lo que parecen ser auténticos elementos indígenas. Entre estos últimos se encuentran las referencias a las divinidades creadoras Viracocha y Pachacámac, a los que ya habíamos estudiado anteriormente, y a instituciones que están ampliamente atestiguadas en la zona andina, como los ayllus, un sistema de organización decimal, así como una estructura que lo cubre todo y edificada sobre la noción de sucesión de pachacutis –creaciones y destrucciones del mundo–. Como vamos a ver más adelante, este concepto persiste en mitos andinos contemporáneos, especialmente en aquellos que se refieren al final del presente mundo y a la reinstalación anticipada de los incas como los legítimos gobernantes de la tierra.

Estos comentarios, así como la descripción que hemos realizado del lugar de los incas en las cinco edades del mundo nos sugieren, por lo pronto, la siguiente pregunta: ¿quiénes fueron los incas? ¿De dónde venían? Las respuestas a estas preguntas tuvieron que ser de vital interés no sólo para los propios incas, sino también para los cronistas españoles, que pugnaron por dar un sentido a lo que para ellos era una desconcertante sucesión de acontecimientos que se suponía habían tenido lugar al inicio de los tiempos, tal como lo cuentan los mitos cósmicos andinos de los orígenes. ❐

# Mitos de origen del Estado inca

Ya en su relación acerca de los incas el sacerdote jesuita Bernabé Cobo nos pone en guardia sobre del hecho de que, a diferencia de otros pueblos o grupos étnicos de los Andes, a los incas –quizá porque reconocían el peligro político inherente– no les agradaba la situación de que cada grupo local tuviera su propio lugar «originario», tan importante como el del grupo o pueblo vecino. Para ellos su lugar de origen debía ser único y especial y tenía que incluir a todos los demás. Como anotaba Cobo «la razón de por qué estos pueblos de Perú llegaron a sostener creencias tan absurdas acerca de sus orígenes fue debida a la ambición de los incas. Estos fueron los primeros en venerar la cueva de Pacaritampu como el inicio de su linaje. Proclamaban que todos los pueblos procedían de allí, y que por esta razón todos ellos eran vasallos suyos y estaban obligados a servirles». Claramente el inca tenía en mente otros objetivos cuando narraba el mito del origen desde la cueva de Pacaritambo.

En pocas palabras, el mito de origen de los incas centrado en Pacaritambo es como sigue: en un lugar al sur de Cuzco llamado Pacaritambo, había una montaña llamada Tambo T'oco («casa de las ventanas»), en donde había tres ventanas o cuevas. Los ancestros de los incas, que están presentados como un grupo de cuatro hermanos y de cuatro hermanas, salieron por la cavidad central. La figura principal fue Manco Cápac, que estaba destinado a convertirse en el fundador del Imperio. Los incas se pusieron en marcha con las gentes que vivían alrededor de Tambo T'oco en busca de tierras fértiles en las que construir su capital. Después de un largo período de vagabundeo, llegaron finalmente a una montaña que dominaba el valle de Cuzco. Reconociendo por medio de señales milagrosas que se trataba del hogar que habían buscado por largo tiempo, los incas descendieron de las montañas y tomaron posesión del valle y de los habitantes locales.

La fuente principal que voy a utilizar en la presentación del mito inca del origen es la versión que proporciona Sarmiento de Gamboa en su *Historia de los incas,* que fue escrita hacia 1572. El relato de Sarmiento es una de las mas tempranas y detallados versiones que tenemos. Siendo el historiador oficial de Francisco de Toledo, cuarto virrey del Perú (1569-1581), a Sarmiento se le encomendó recopilar la historia verdadera del imperio inca. Durante la elaboración del trabajo, Sarmiento tuvo acceso a un desacostumbradamente elevado número de informantes. Nos cuenta, por ejemplo, cómo entrevistó a más de un centenar de quipucamayoqs con respecto a cuestiones de historia, y nos proporciona además los nombres de cuarenta y dos de estos informantes. Por otro lado, Sarmiento nos dice que después de completar su versión, leyó su crónica competa, en lengua quechua, ante estos cuarenta y dos descendientes de la nobleza inca. Todos ellos, dice Sarmiento, estuvieron de acuerdo en que «la historia contada era buena y verdadera con relación a lo que ellos conocían, y con respecto a lo que habían oído que contaban sus padres y ancestros, que ellos mismos habían escuchado decir a sus [padres y ancestros]». Como vamos a ver, gran parte de la «verdadera historia» relatada por Sarmiento podría ser clasificada decididamente como mitología.

De acuerdo con Sarmiento, el origen de los incas estaba en un lugar llamado Pacaritambo («la posada/mansión del amanecer»; o «el lugar del origen»), localizado a seis leguas al sur de Cuzco (unos 33 kilómetros). En los tiempos primordiales había una montaña en Pacaritambo llamada Tambo Toco («la casa de las aberturas/ventanas»), donde había tres ventanas, o mas bien podríamos decir cuevas. La cavidad central era llamada Cápac Toco («cueva rica»), y las dos laterales se llamaban Maras Toco y Sutic Toco. Dos naciones diferentes indias que se aliaron con los propios incas tuvieron su origen en estas ventanas laterales. El pueblo llamado Maras emergió de la cavidad Maras Toco, en tanto que los indios Tambos (cuyo linaje principal parece haber llevado el nombre de Sutic) salieron de la abertura de Sutic Toco. Sarmiento dice que estos tres grupos de gentes nacieron de las cavidades o ventanas de Tambo Toco a la orden de Ticci Viracocha.

De la cavidad central de Tambo Toco emergieron cuatro hombres y mujeres que, de acuerdo con Sarmiento, eran hermanos y hermanas. Betanzos dice que los ancestros estaban emparejados en matrimonios. Los nombres de los ocho hermanos ancestrales, tal como recoge Sarmiento, en orden de edad (con la pareja mayor, de Ayar Manco y Mama Ocllo en primer lugar) eran:

*El Rey y la Reina inca venerando la cueva de Tambo Toco en Pacaritambo.*

| **Hermanos/Esposos** | **Hermanas/Esposas** |
|---|---|
| Ayar Manco (Cápac) | Mama Ocllo |
| Ayar Auca | Mama Huaco |
| Ayar Cachi | Mama Ipacura/Cura |
| Ayar Uchu | Mama Raua |

«Ayar» proviene de la palabra quechua *aya* «cadáver», estableciéndose de esta forma un nexo entre los ancestros como entidades mitológicas y los restos momificados de los reyes incas, que eran conservados y venerados en una estancia especial del Templo del Sol en Cuzco. Además, la misma palabra *ayar* era el nombre de una variedad silvestre de la planta *quinua,* una especie de grano de alta montaña propio de los Andes.

Hay que hacer hincapié en que mientras que todos los relatos de los Ayars dicen que los ancestros salieron de Tambo Toco en Pacaritambo, en las crónicas de Martín de Murúa y de Guamán Poma de Ayala leemos que los ancestros originariamente pasaron por el subsuelo desde el lago Titicaca hasta la cueva de Pacaritambo. Además, Garcilaso de la Vega incluye en su crónica el mito inca del origen que vincula a Manco Cápac y a Mama Ocllo con la Isla del Sol, también en el lago Titicaca.

Después de que los Ancestros emergieran en Tambo Toco, se aliaron con los indios tambos y se prepararon para ir con ellos en busca de tierra fértil; una vez que la encontraron, se conjuraron para conquistar al pueblo que vivía en ella. Sarmiento describe así el episodio:

> «Y estando de acuerdo ellos en este [plan de conquista], los ocho [ancestros] comenzaron por soliviantar al pueblo que vivía en la zona montañosa, ofreciéndoles como señuelo que ellos [los ancestros incas] les iban a enriquecer y que les darían las tierras y propiedades que conquistaran y sojuzgaran. Con el interés de esta [propuesta], se formaron diez grupos o ayllus, que significa, entre los bárbaros, linaje o facción».

*El primer rey inca, Manco Cápac.*

Los diez ayllus de los indios tambos fundados en Tambo Toco fueron destinados a convertirse en los principales grupos de plebeyos del Cuzco inca. En la organización social de la capital fueron completados por diez ayllus reales, llamados *panacas,* que estaban compuestos por descendientes de los diez primeros reyes. Poco después de su creación y de su salida a través de Tambo Toco, los ocho ancestros se pusieron en marcha con su séquito –los diez ayllus de indios tambos– caminando en dirección norte hacia el valle de Cuzco. A lo largo del camino, los ancestros iban tanteando la tierra golpeando el suelo con una barra de oro, que habían traído consigo desde Tambo Toco. Iban en busca de tierra fértil apropiada para convertirla en su hogar.

Los ancestros hicieron varias paradas en su viaje a Cuzco. En la primera de estas paradas el hermano mayor, Ayar Manco (que más tarde será llamado Manco Cápac) y su hermana/esposa, Mama Ocllo, concibieron un hijo. En la segunda parada, Mama Ocllo dio a luz a un niño, al que llamaron Sinchi Roca. Este niño estaba destinado a ser el sucesor de su padre (Ayar Manco) como segundo rey de Cuzco. En la versión de Betanzos del mito inca del origen, se dice que Sinchi Roca había nacido en Cuzco, después de que los ancestros hubieran llegado y hubieran tomado posesión de la ciudad. Desde la segunda parada, el grupo avanzó hacia un lugar llamado Palluta, donde permanecieron unos cuantos años. Sin embargo, no estando satisfechos con la tierra de allí, decidieron partir. Los ancestros y su comitiva llegaron entonces a un lugar llamado Haysquisrro. Aquí sucedió un episodio que tuvo como resultado la separación de uno de los ancestros del grupo.

De acuerdo con la versión del mito inca del origen, Ayar Cachi era bien conocido como turbulento, pendenciero y de carácter cruel; también era muy hábil con la honda. Cieza relata que Ayar Cachi podía lanzar piedras con su honda con tal fuerza que era capaz de hender las montañas, arrojando rocas y polvo hasta las nubes. Además de ello, Ayar Cachi provocaba conflictos en todas las ciudades por las que los ancestros pasaban, perturbando la armonía entre ellos y sus aliados. De acuerdo con Sarmiento, «los otros hermanos temían que, a causa de sus malas costumbres y trastadas, Ayar Cachi podía molestar y separar a la gente que viajaba con ellos, y que ellos [los ancestros] se quedarían solos».

Estas consideraciones condujeron a los ancestros, bajo la dirección de Ayar Manco, a plantear una estratagema para liberarse de tan problemático elemento. Manco dijo a Ayar Cachi que se habían dejado varias cosas en la cueva de origen, Tambo Toco. Consistían en una copa de oro *(topacusi),* algunas semillas, así como un objeto llamado *napa*. Este último tenía la forma de una miniatura decorativa de una llama, lo que, en palabras de Sarmiento, era una «insignia de aristocracia». (Molina proporciona numerosos ejemplos de ceremonias en Cuzco durante las cuales los incas llevaban, y veneraban, pequeñas imágenes de llamas hechas de oro y de plata). En principio Ayar Cachi rehusó volver a la cueva. Sin embargo, Mama Huaco, la más vigorosa y belicosa de las hermanas (y, según Betanzos, la mujer de Ayar Cachi) se puso en pie de un salto y comenzó a imprecar a Ayar Cachi, llamándolo cobarde perezoso. Impulsado a la acción por las palabras de Mama Huaco, Ayar Cachi aceptó volver a la cueva.

En su viaje de vuelta a Tambo Toco, Ayar Cachi llevó con él a un hombre de los indios tambos, cuyo nombre era Tambochacay («portero-Tambo»). Sin que lo supiera Ayar Cachi, los otros ancestros habían persuadido a Tambochacay de ac-

*Mama Huaco.*

tuar contra Ayar Cachi una vez que hubieran alcanzado la cueva. Tras llegar a Tambo Toco, Ayar Cachi entró para recoger los objetos. Inmediatamente Tambochacay cerró la entrada con una gran piedra, atrapando dentro a Ayar Cachi para siempre.

Habiéndose liberado así de Ayar Cachi, los ancestros se pusieron en marcha y llegaron a continuación a los alrededores del valle de Cuzco, en un lugar llamado Quirirmanta, que está al pie de una montaña llamada Huanacauri. Ascendiendo a Huanacauri, los ancestros vieron por vez primera el valle de Cuzco. Lanzando la barra de oro con la que habían probado los suelos hacia el valle, vieron como se hundía por completo en la tierra. Gracias a esta señal, así como por un arco iris que se extendía sobre todo el valle, reconocieron que era el largamente buscado hogar y se prepararon para descender.

En ese momento, el más joven de los hermanos ancestros, Ayar Uchu, se transformó en una piedra sobre la montaña Huanacauri. En la versión de Betanzos de este mito, nos cuenta que antes de su metamorfosis en roca, Ayar Uchu se irguió sobre la montaña, extendió un par de grandes alas y voló desde la cima de la montaña a los cielos. A su vuelta, dijo que había hablado con el Sol, quien a su vez le había dicho que Ayar Manco debía llamarse desde ese momento Manco Cápac («el rico supremo») y que todo el cortejo debía de avanzar hacia Cuzco.

*Vista desde la cima de Huanacauri, mirando hacia el valle de Cuzco.*

Allí, dijo Ayar Uchu, los incas encontrarían buenos aliados en el lugar en el que estaba asentado Alcavicça. Tras decir esto, Ayar Uchu se transformó en piedra. Los incas veneraron posteriormente esta piedra como uno de su lugares mas sagrados (huacas).

Los seis ancestros restantes salieron de Hunacauri hacia un lugar llamado Matao, donde dice Sarmiento que permanecieron dos años. Betanzos cuenta una anécdota que ocurrió hacia la misma época, durante el viaje ancestral, en un lugar que no nombra (¿quizás Matao?), cercano a Cuzco, y que era famoso por la coca y el ají (pimiento picante). Aquí Mama Huaco, que asimismo era muy hábil con la honda, golpeó a un hombre de la ciudad con una piedra y lo mató. Entonces le abrió el pecho, extrajo sus pulmones y el corazón, sopló en los pulmones y los hinchó, presentándoselos después a los habitantes de la ciudad. La gente huyo y los ancestros avanzaron hacia Cuzco.

Una vez llegados, fueron donde Alcavicça y le contaron que habían sido enviados allí por su padre, el Sol, para tomar posesión de la ciudad. Alcavicça y sus seguidores accedieron a sus propuestas y acomodaron a los seis ancestros. Entonces Manco Cápac tomó algunas semillas de maíz que había traído consigo desde la cueva de Tambo Toco, y con la ayuda de Alcavicça y los otros ancestros, plantó el primer grano del valle. Molina proporciona un interesante relato de este acontecimiento, por medio del cual los incas «domesticaron» el valle de Cuzco cultivando los campos. Dice que estos campos fueron primero plantados no por Manco Cápac, sino por Mama Huaco, una de las hermanas ancestrales. Después de que Mama Huaco muriera, su cuerpo fue embalsamado y momifica-

*Vasija inca compuesta de réplicas de un aríbalo, una mazorca de maíz y una estaca para arar.*

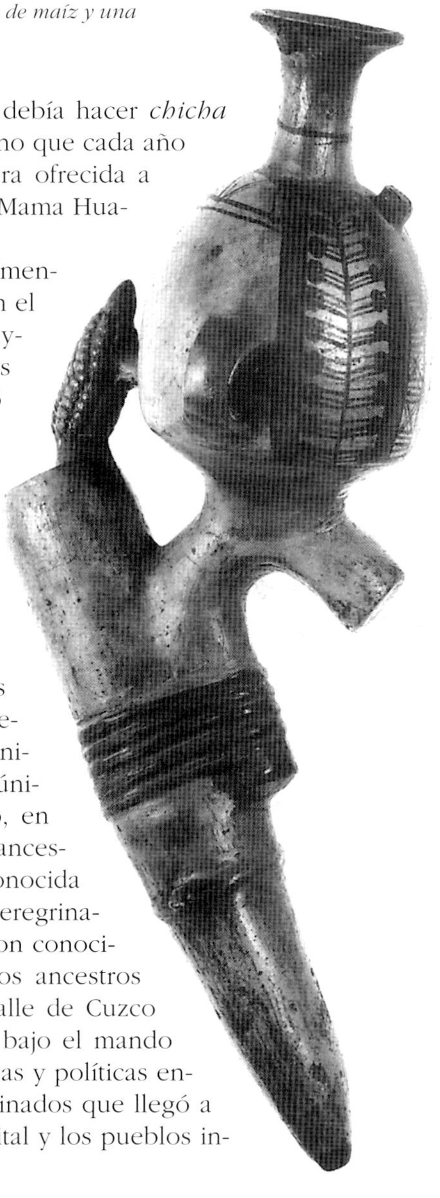

do, y la gente responsable de cuidar su momia debía hacer *chicha* (cerveza procedente de maíz fermentado) del grano que cada año germinaba en esos mismos campos; la chicha era ofrecida a aquellos que mantenían el culto de la momia de Mama Huaco.

Cuando Manco Cápac y sus compañeros finalmente alcanzaron el lugar que había de convertirse en el centro de la ciudad de Cuzco, la plaza de Huanaypata, Ayar Auca, el único hermano restante de los ancestros además de Manco Cápac, se transformó en un pilar de piedra. Este pilar fue venerado desde entonces como una huaca. Esto permitió a Manco Cápac, a sus cuatro hermanas y al niño Sinchi Roca, fundar y edificar la ciudad de Cuzco.

Para recapitular, en la versión del mito inca de los orígenes contada por Sarmiento, Betanzos y los otros cronistas, encontramos varios tópicos que pronto se convertirían en «elementos paradigmáticos» de los orígenes míticos del imperio. Así, los ancestros, que inicialmente habían venido bajo tierra desde el lago Titicaca, tuvieron un único lugar originario en la cueva de Tambo Toco, en Pacaritambo. Esta cueva, en la que uno de los ancestros, Ayar Cachi, permaneció sepultado, fue reconocida como una huaca importante y como lugar de peregrinación en los tiempos incas. (Las ruinas del lugar son conocidas hoy como Mauqallaqta –«ciudad vieja»–). Los ancestros marcharon desde la cueva de origen hasta el valle de Cuzco donde, conquistando al pueblo autóctono local bajo el mando de Alcavicça, establecieron la relaciones jerárquicas y políticas entre los invasores extranjeros y los nativos subordinados que llegó a caracterizar los vínculos entre los incas de la capital y los pueblos indígenas a lo largo y ancho del imperio.

## ¿Fue el Estado inca fundado sobre una estratagema?

Antes de pasar a examinar otros eventos míticos que se supone tuvieron lugar en Cuzco después de la conquista del valle por Manco Cápac, hemos de analizar previamente otra tradición de los orígenes incas desde Pacaritambo que proyecta en los motivos de los incas una luz decididamente más siniestra y marcada de doblez. El argumento básico de esta versión consiste en que los hermanos Ayar decidieron de común acuerdo engañar a los nativos del valle de Cuzco hacién-

*El lugar de Mauqallaqta, el Pacaritambo inca (a la izquierda).*

doles creer que ellos (los ancestros incas) descendían del Sol. Manco Cápac había fabricado, o había hecho fabricar para sí, dos bandejas de oro, una de las cuales llevaba en el pecho y otra en la espalda. Manco se situó entonces sobre la colina de Huanacauri, mirando hacia Cuzco donde, en el momento de la salida del sol, apareció como una figura resplandeciente, una imagen dorada. Los nativos quedaron impresionados por esta imagen, con lo cual Manco descendió de Huanacauri hasta Cuzco y tomó posesión del valle.

Las diferentes versiones de esta historia provienen de varias fuentes. Dependiendo de la fuente, la «treta» que los ancestros emplearon puede ser presentada como una muestra de inteligencia extrema (como sucede, por ejemplo, en la versión de Martín de Murúa), o, en el peor de los casos, se la considera como una trampa siniestra, que implica que el gobierno de los incas quedó privado de legitimidad por este acto de engaño al pueblo. En este sentido, merece la pena reseñar una versión del origen de los incas contenida en el testimonio aportado a Vaca de Castro en Cuzco, aproximadamente hacia 1542, sólo diez años después de la conquista española. Aparece en el documento llamado *Relación de los Quipucamayoqs,* que fue escrito sobre la base del testimonio de cuatro viejos quipucamayoqs, dos de los cuales dicen ser nativos de la ciudad de Pacaritambo. Esta versión particular del mito de los orígenes relatada por los dos quipucamayoqs de Pacaritambo es la siguiente:

Manco Cápac era el hijo de un *curaca* (un notable local y cabeza de un linaje de alto rango) de Pacaritambo. La madre de Manco murió en su nacimiento, y el niño se educó con su padre. Cuando Manco era un crío, su padre le dio el apodo de «Hijo del Sol». Al alcanzar la edad de diez o doce años, su padre murió. Sin embargo, como su padre no le había explicado que el nombre de «Hijo del Sol» simplemente era un inocente mote, Manco y la «plebe estúpida» *(gente bruta)* de la ciudad conservaron la idea de que realmente era hijo del Sol. Por aquel entonces, en la mansión de Manco había dos ancianos que eran los sacerdotes de los ídolos del padre de Manco Cápac. Éstos continuaron difundiendo el engaño *(patraña)* de que Manco era un ser divino. Manco llegó a aceptar esta pretensión, y al alcanzar la edad de dieciocho o veinte años, fue convencido por los dos sacerdotes de que él y sus descendientes eran los señores naturales del mundo. Animado por estas pretensiones, Manco Cápac marchó pronto hacia Cuzco, llevando consigo a otros miembros de su familia, a los dos ancianos sacerdotes, así como al ídolo

*Manco Cápac en lo alto de Huanacauri.*

principal de su padre, que era denominado Huanacauri. Esta versión decepcionante de la toma de poder por los incas termina como otras ya vistas anteriormente, con Manco Cápac en pie en la montaña de Huanacauri, vestido de forma espléndida, recubierto de oro, y deslumbrando al pueblo para inducirlos a aceptarlo a él y a su familia como legítimos gobernantes.

El cronista Garcilaso de la Vega añade un giro más al mito de origen de los incas, vinculando a Manco Cápac tanto con el lago Titicaca como con el asunto del intento de identificación engañosa del primer inca como hijo del Sol. Garcilaso dice que Manco Cápac sabía que los pueblos del lago Titicaca creían que, después del gran diluvio, el Sol brilló por primera vez sobre la Isla del Sol. Sabiendo esto, elaboró una fábula según la cual el Sol situó ahí a dos hijos suyos, uno varón y otro hembra, para enseñar a los indios «bárbaros» a vivir de una forma civilizada. «Con estas y otras invenciones hechas en provecho propio, los incas indujeron a los indios restantes a creer que ellos eran hijos del Sol, lo que quedaba confirmado por el bien que hacían».

Historias como estas ofrecen al lector contemporáneo grandes dificultades a la hora de discernir lo que debieron ser las creencias incas y los acontecimientos o sentimientos que imputan a los incas los comentaristas europeos y/o cristianos. Así, por ejemplo, la cuestión de que la fama, el poder y el prestigio de Manco Cápac, y por extensión el de sus descendientes reales estuviera basado en un engaño, una trampa o estratagema destinada al pueblo, parece, a un cierto nivel, una manipulación políticamente interesada del mito de los orígenes por parte de quienes querían cuestionar la legitimidad del poder inca. Por otro lado –algo que debió tener cierta fuerza en el caso de Garcilaso de la Vega– aquellos que profesaban el cristianismo se sentirían inclinados a ver en el culto indígena del Sol una obra del diablo. Así, ciertamente, debió haber en este último caso una profunda sospecha de que el trabajo del diablo tuvo que estar detrás de los acontecimientos que condujeron al ascenso de los incas como «hijos del Sol». Fueran cuales fueran los motivos e intereses de los diversos cronistas que cuentan estos mitos, hay suficientes y variadas fuentes que apuntan al culto solar en el imperio inca como para que podamos dudar de la antigüedad y pervivencia de tales creencias.

Un asunto más problemático y difícil tiene que ver con la relación cronológica entre el culto a Viracocha y la veneración al Sol. Algunos cronistas sugieren que el culto inca al Sol fue de desarrollo tardío, apareciendo sólo tras la expansión del imperio más allá de las fronteras del valle de Cuzco y con la evolución y madurez de la organización burocrática imperial. Otros son de la opinión que la veneración a Viracocha reemplazó al culto al Sol. De nuevo, la falta de hitos cronológicos de la historia evenemencial de los incas en conjunto obliga a que la respuesta a tal pregunta sólo pueda ser hipotética.

## Mitos de la consolidación y expansión del Estado inca

En la historia mítica de los incas que hemos reseñado más arriba, hemos ofrecido los testimonios que relatan los acontecimientos y episodios por medio de los cuales el primer inca, Manco Cápac y sus hermanos y hermanas llegaron a conseguir el control del valle de Cuzco. Todos los reyes siguientes del imperio, ya se sucedieran uno a otro en una única línea hereditaria, ya presentándose en forma de sucesión dual, con dos linajes reales, como otros estudiosos sugieren, fueron en definitiva descendientes del primer rey, Manco Cápac, y de su esposa y hermana, Mama Ocllo.

Hay que afrontar una serie de complejas cuestiones al abordar la sucesión de los reyes incas a partir de Manco Cápac. En primer lugar hay que fijar el número total de reyes que gobernaron desde el acceso de Manco Cápac hasta la llegada de los españoles hacia 1532; en segundo lugar tenemos el problema de las fechas de reinado de los diversos soberanos; en tercer lugar, finalmente, surge la cuestión de si estos reyes son personajes históricos o si alguno de ellos (o todos) han de ser relegados al dominio de la mitología. No podemos –y ciertamente no debemos– entrar en los detalles y sutilezas que al respecto desarrollan los expertos en estas cuestiones. En lugar de eso es preferible, como base para nuestra discusión de varios episodios míticos relatados en diversas fuentes con relación a la consolidación del poder de los incas en el valle de Cuzco, quedarnos con la lista siguiente de reyes del Imperio, bien atestiguados en general. La mayoría de las fuentes se inclinan a considerar como último e indiscutible gobernante anterior a la conquista española a Guayna Cápac. En el momento en que los españoles entran en Perú, la sucesión al trono se disputaba entre dos de los hijos de Guayna Cápac (habidos de diferentes mujeres), Huáscar y Atahualpa.

**Reyes del Imperio inca**

Manco Cápac

Sinchi Roca

Lloque Yupanqui

Mayta Cápac

Cápac Yupanqui

Inca Roca

Yahuar Huácac

Viracocha Inca

Pachacuti Inca Yupanqui

Tupac Inca Yupanqui

Guayna Cápac

Huáscar y Atahualpa

Los cronistas ofrecen una muy desigual información, en cantidad y en calidad, acerca de los diversos reyes y reinas del Imperio. Algunas de estas noticias son francamente verosímiles, siendo posible que los acontecimientos referidos tuvieran lugar en algún momento, bajo uno u otro soberano, en el período tardío que precedió a la conquista. Por ejemplo, se dice que Manco Cápac dividió a la población de Cuzco en dos partes que son designadas como «Alto Cuzco» *(Hanan*

*Cusco)* y «Bajo Cuzco» *(Hurin Cusco),* de forma que la población de la ciudad estaba efectivamente así dividida en el momento de la llegada de los españoles. Se decía que Sinchi Roca había encomendado al pueblo del valle cultivar las tierras para producir patatas, y que el valle había sido así cultivado al menos desde la época inca hasta la actualidad. Finalmente, se decía también que Mayta Cápac había sofocado una rebelión de los Alcavicças, que habían estado inquietos en la época de su reinado. Todos estos acontecimientos o sucesos son episodios históricamente plausibles, aunque no podemos decir con precisión cuando tuvo lugar realmente ninguno de ellos.

Por otra parte, estos acontecimientos que hemos reseñado se amalgaman con otros que decididamente han de ser de naturaleza mitológica. Aquí nos gustaría resaltar en particular dos acontecimientos que voy a llamar «mito-históricos» –de los que no podemos tener certidumbre acerca de su carácter histórico–, puesto que parece que fueron considerados de suma importancia por parte de los informantes incas con relación a la emergencia de los incas y a la consolidación del imperio. El primero se refiere a la guerra contra los chancas, una nación poderosa al oeste de Cuzco; el segundo se centra en un encuentro entre un joven príncipe inca y el dios creador, Viracocha.

El ataque de Cuzco por el ejército chanca y la defensa de la ciudad por un príncipe joven fue algo de profundo significado en la historia mítica de los incas, ya que se dice que sólo tras estos acontecimientos los incas emprendieron propiamente el rumbo de la construcción de un imperio. Algunas fuentes dicen que el príncipe héroe de este mito fue Viracocha Inca, el hijo de Yahuar Huácac, mientras que otras conceden el honor al hijo de Viracocha Inca, Pachacuti Inca Yupanqui. Cuando las tropas chancas empezaron a avanzar contra la ciudad, la mayoría de los habitantes, incluido el rey, huyó. Sólo el joven príncipe y algunos compañeros permanecieron para defender Cuzco. Los pocos defensores fueron casi barridos en los dos primeros ataques lanzados por los chancas; sin embargo, en el ataque final, con el destino de los incas en la balanza, el joven príncipe recibió la ayuda de las rocas y piedras del valle, que se transformaron en guerreros. Esas rocas, llamadas *pururaucas,* fueron a partir de ese momento veneradas como huacas.

El tenor y la esencia de las diferentes versiones del mito en las diferentes crónicas ofrecen al moderno lector –como debían haber ofrecido al oyente inca– la idea de que la culminación de la soberanía inca sobre el valle, un proceso que les puso en el camino de edificar un imperio, recibió la sanción divina cuando las propias piedras del mismo valle se alzaron para proteger a los incas y defender la ciudad. Además de ello, es en este momento de la historia mítica de Cuzco, y en especial al referirse a las hazañas de los diferentes reyes, cuando algunos estudiosos entienden que nuestra información procedente de los documentos coloniales pasa del terreno fundamentalmente mitológico al histórico. Con ello se concede el mérito de la derrota de los chancas a Pachacuti Inca, y se piensa que este acontecimiento fue seguido de una significativa consolidación y expansión de la ciudad de Cuzco y del imperio. De acuerdo con esta imagen, las fechas del reinado de Pachacuti se sitúan entre 1438-1471 d.C. De todas formas, esta interpretación histórica de las leyendas míticas de la dinastía inca hasta el momento no ha sido confirmada por ninguna evidencia arqueológica.

Otra valoración de estos acontecimientos, que también supone que al menos ciertos elementos de la guerra de los chancas son «históricos», aunque sin pretender fijar fechas absolutas, sugiere que este conflicto puede en realidad representar una profunda –y esencialmente histórica– rememoración del ascenso del poder de los incas en el valle de Cuzco. El suceso principal y definitorio de este proceso debió ser la derrota por los incas de los últimos vestigios del poder Huari en el mismo valle de Cuzco. La zona nativa de los pueblos Huari, que en el centro del Perú fueron contemporáneos, en los tiempos del Horizonte Medio, con las culturas de Tiahuanaco y del lago Titicaca, se localizaba en general en el área donde se supone que el pueblo chanca tenía la sede de su poder.

Volviendo al asunto de los mitos de la formación del estado inca, otro indicio o evento contado por las crónicas y situado (relativamente) hacia la misma época en que se sitúa la guerra con los chancas, se refiere al encuentro entre el joven príncipe Pachacuti Inca Yupanqui y el creador Viracocha Pachayachachi. Tuvo lugar en una fuente en las afueras de Cuzco, llamada Susurpuquio. Habiéndose acercado Pachacuti a la fuente durante un viaje para visitar a su padre, Viracocha Inca, observó cómo una lámina de cristal caía en ella. El príncipe miró en la fuente y vio en la lámina la imagen de un indio llevando un *llauto* (un tocado de cabeza), pendientes, y vestidos como los que usaban los incas. Tenía tres rayos, como los del Sol, que emergían de su cabeza, y serpientes reptaban en torno a sus hombros. La figura presentaba la cabeza de un «león» (en realidad un puma) emergiendo hacia adelante de entre sus piernas, así como otro león en su espalda con las garras alrededor de sus hombros, y una criatura en forma de serpiente que surgía de arriba a abajo por su espalda.

Pachacuti tomó el cristal y se lo llevó cuando dejó la fuente, y lo utilizó a partir de ese momento para consultar en él el futuro. Se decía que Pachacuti llegó posteriormente a identificar la imagen de la lámina de cristal con la del creador, Viracocha Pachayachachi. El príncipe quedó tan impresionado por la visión que, al parecer, promovió una reforma religiosa durante su reinado. En la especial relación de las jerarquías de dioses del imperio –aunque hay otras versiones diferentes– se decía que desde el tiempo del inca Pachacuti Yupanqui en adelante el templo principal y centro de los más importantes rituales y cultos de la ciudad de Cuzco, el Coricancha, fue reorganizado para acomodar y representar la siguiente jerarquía de dioses: Viracocha, el Sol, la Luna, Venus, el Trueno y el Arco Iris. Esta ordenación es el resultado de la sustitución del Sol, que previamente había sido la deidad suprema, representada como imagen, en el Coricancha y en el panteón inca, por Viracocha, el dios patrono de Pachacuti, el nuevo rey.

Sin embargo, otra versión de la evolución de la religión inca en relación con Pachacuti Yupanqui establece que el rey fue el responsable de lo que ha sido denominado el desarrollo de la «solarización» de la religión inca, de forma que el Sol sustituyó a Viracocha como la deidad principal del imperio. Según esta última versión, el ascenso al poder de Pachacuti, en el momento en el que reemplazó a su padre, que llevaba el nombre de Viracocha, fue significativamente fundamental para este giro del culto a Viracocha hacia el del Sol. Una cuestión central con respecto a esta controversia es el hecho de que uno de los reyes, Viracocha Inca, lleve el mismo nombre, o título, que el del dios creador. Esto queda reflejado, por ejemplo, en la crónica de Betanzos, que dice que Viracocha Inca reclamaba que el creador se le había aparecido una noche cuando él, el soberano, se hallaba angustiado. El creador lo tranquilizó y lo animó. Al día siguiente, cuando el monarca contó el episodio a sus súbditos, éstos se alzaron y proclamaron que su nombre habría de ser Viracocha Inca, «que significa rey y dios».

Han corrido ríos de tinta con respecto a la cuestión de la relación entre el creador Viracocha y el rey Viracocha. No podemos aquí solventar este problema, ni tampoco desentendernos de él sin más. Se trata de una cuestión en la que hay una mezcla, o confusión, entre el mito y la historia que suscita perplejidad y que, dada la naturaleza de nuestras fuentes (con diversos cronistas dirigiéndose a distintos informantes en momentos diferentes y recibiendo distintas noticias y explicaciones), se trata de algo que no ha de ser resuelto simplemente con una drástica separación de estos dos personajes centrales de la mitología inca.

Problemas como éstos debieron ocupar la atención de sucesivas generaciones de quipucamayoqs y de poetas-filósofos (los amautas) en Cuzco, cuando contaban, y ocasionalmente reformulaban, los mitos del pasado inca. Lo que sin embargo interesaba fundamentalmente a las gentes de fuera de Cuzco eran las cuestiones relativas a su propio pasado, aunque también retuvieron mitos relacionados con algunos de estos tópicos imperiales. ¿De dónde provenían estos mitos? ¿Cómo se relacionaban los pueblos vecinos o emparentados los unos con los otros? ¿Cuándo y dónde terminaron bajo el control de los incas? En el siguiente capítulo nos centraremos en algunos de los conjuntos de mitos que han sido conservados y que se dedican a estas y otras cuestiones regionales. ❐

# Mitologías costeras y provinciales

## Los señores de la costa norte y los incas

Los mitos de los Ayars y la fundación de Cuzco y del imperio inca son las leyendas principales del origen del estado que tenemos de los Andes, pero no son ni mucho menos los únicos. Cuando dirigimos nuestra atención a otras zonas del imperio, en especial la costa septentrional del Perú, encontramos atractivos vestigios de otros mitos de origen del estado tan complejos como aquellos relacionados con la dinastía de Cuzco. Desafortunadamente, tan solo tenemos unas escuetas referencias de estos mitos, incluyendo un par de relatos del valle de Lambayeque y otro referido a los señores de Chimor, en el valle de Moche.

Con respecto a los mitos centrados en Lambayeque, Cabello Balboa nos cuenta en su crónica de 1587 una tradición centrada en la invasión de este valle en los tiempos primordiales por pueblos procedentes del mar, hacia el sur, que llegaron en una flota de balsas o almadías. El jefe de lo que Cabello Balboa llamaba aquella «brava y noble compañía» de hombres era un personaje llamado Naymlap. Naymlap estaba acompañado por su esposa, Ceterni, un harén y unos cuarenta servidores. El cortejo incluía un trompetero, un encargado de la litera real, un hombre que machacaba caparazones de conchas reduciéndolos a polvo con fines rituales, un cocinero, así como otros muchos funcionarios adscritos a misiones específicas. Naymlap trajo también consigo un ídolo de piedra verde, que tenía el nombre de Yampallec, nombre que se supone está en el origen del valle fluvial en el que se asentó Naymlap, Lambayeque. Cabello Balboa nos informa de que el ídolo Yamballec tenía el aspecto y la estatura de Naymlap, siendo en realidad un doble del rey. Naymlap edificó un palacio y un centro de culto para el ídolo de piedra verde en un lugar llamado Chot. Casi con toda seguridad ha de ser el emplazamiento de Huaca Chotuna en el valle de Lambayeque.

Naymlap completó una vida larga y apacible. Cuando murió su cuerpo fue enterrado en el palacio de Chot. Sin embargo, Naymlap había dispuesto con sus sacerdotes que, cuando él muriera, habrían

*Paleta chimu.*

*Reconstrucción de un patio interior, Huaca Chotuna, valle de Lambayeque.*

de decir a sus seguidores que tras su deceso se hizo de unas alas y que se alejó volando. Naymlap fue sucedido por su hijo mayor, Cium, que se casó con una mujer llamada Zolzoloñi, al parecer una indígena local (esto es, que se la denomina en los documentos como *moza,* una expresión que puede designar a una mujer que no pertenece a un grupo concreto y determinado –en este caso, el grupo de los invasores procedentes del sur–. Cium y Zolzoloñi tuvieron doce hijos, cada uno de los cuales contrajo a su vez matrimonio, lograron una amplia descendencia y marcharon a su vez, por su cuenta, a fundar diferentes ciudades.

Empezando con Naymlap, hubo doce reyes en esta dinastía, el último de los cuales se llamó Fempellec. Fempellec decidió trasladar el ídolo de piedra verde Yampallec desde Chot hasta otro nuevo lugar, pero, antes de que pudiera llevar a cabo sus designios, el diablo (dice Cabello Balboa) se le apareció en forma de una hermosa mujer que lo sedujo. Después de la seducción de Fempellec por la hechicera, comenzó a llover –en esta parte de Perú la lluvia es rara– y continuó lloviendo durante treinta días. Después de esto aconteció un año de sequía y hambruna. Al final del año, los sacerdotes del ídolo de piedra verde consideraron que ya era suficiente. Se apoderaron de Fempellec, lo ataron de pies y manos y lo arrojaron al océano; de esta forma terminó la dinastía de Naymlap de Lambayeque.

Continuando su relación de los acontecimientos en el valle de Lambayeque, Cabello Balboa dice entonces que muchos días después de la muerte de Fempellec, el valle de Lambayeque fue de nuevo invadido por un poderoso ejército procedente del mar. El líder de este ejército era un hombre llamado Chimo Cápac («señor Chimu»), un nombre o título que parece indicar posibles orígenes en el valle de Moche, centro del reino de Chimor. Chimo Cápac consiguió el control de Lambayeque e instaló a su curaca (señor local) Pongmassa en el valle. A este hombre le sucedió su hijo, y después le tocó el turno al nieto de Pongmassa, durante cuyo reinado los incas conquistaron la zona. El valle continuó entonces bajo el control de los incas durante la regencia de otros cinco curacas, que administraban el valle en beneficio de los incas. La alianza inca-Chimu finalizó con la llegada de los españoles.

Por otra parte sabemos de la existencia de otra dinastía costera de la zona septentrional, la de Taycanamu, cuyo hogar estaba en el valle de Moche. Como Naylamp y Chimo Cápac, Taycanamu llegó a Moche desde el sur, sobre una balsa. Varios descendientes de Taycanamu le sucedieron como soberanos, todos ellos expandiendo el territorio, hasta que gobernó el sexto o séptimo, un hombre llamado Minchançaman, que fue vencido por el inca Topa Yupanqui. Minchançaman fue llevado a Cuzco, y el valle de Moche quedó finalmente bajo el control inca y así permaneció hasta la llegada de los europeos.

A medida que el imperio inca se extendía por medio de las conquistas y alianzas llevadas a cabo por los sucesivos reyes, los incas entraron en contacto con ricas y vibrantes tradiciones acerca de los orígenes de familias notables y dinastías de gobernantes –como sucede en Lambayeque y en Moche–, en los más variados rincones del imperio. El desafío con que se enfrentaron los incas en tales situa-

*Vasija moche con asa en forma de balsa con dos ocupantes.*

ciones no sólo era incorporar estas mito-historias provinciales a las tradiciones imperiales, sino hacerlo de forma que preservara la santidad y centralidad de la dinastía inca. Esta fue la obligación principal –la reelaboración continua de los mitos locales y regionales de los orígenes– con que hubieron de enfrentarse los amautas y los quipucamayoqs que eran responsables de preservar y reconciliar las leyendas míticas de Tahuantinsuyu. En el caso particular de las relaciones de los incas con los señores de Chimor, tenemos varios relatos de cómo este encuentro (por llamarlo de alguna manera) se creía que tuvo lugar, desde el punto de vista de los incas. Uno de ellos lo encontramos en la obra de Garcilaso de la Vega, que proporciona la siguiente relación de cómo los incas narraban la historia de lo que aconteció cuando el inca Tupac Yupanqui marchó contra el otrora poderoso señor de Chimu:

> «El bravo Chimu, domeñada entonces su arrogancia y su orgullo, apareció ante el príncipe con extrema sumisión y humildad, y se arrastró por el suelo ante él, venerándolo y repitiendo la misma petición [de perdón] que había hecho a través de sus embajadores. El príncipe lo recibió afectuosamente para liberarlo de la angustia de la que daba muestras. Ordenó a dos capitanes que lo alzaran desde el suelo, y, después de escucharlo, le dijo que todo lo pasado quedaba olvidado... El inca había llegado no para despojarlo de sus propiedades y autoridad, sino para hacer progresar su idólatra religión, sus leyes y sus costumbres».

## Mitos de los Hatunruna (de las clases bajas)

Fijemos ahora nuestra atención en las mitologías de los pueblos de los estados preincaicos de la costa norte para explorar las tradiciones míticas que conservaron las gentes del común en el imperio inca. Como es el caso con respecto a las recopilaciones y registros de mitos en Cuzco y en la costa norte del Perú, también en las provincias nuestras fuentes principales consisten en compilaciones escritas después de la conquista española. Sin embargo, la documentación provincial que narra los mitos y refleja los variados aspectos de las creencias y prácticas religiosas en las comarcas rurales tiende a ser a la vez más tardía y menos voluminosa que la que se refiere a la misma cuestión en Cuzco.

Muchas de las relaciones que se centran en las mitologías provinciales nos han llegado gracias a la información recopilada a principios del siglo XVII por sacerdotes locales que marcharon a las zonas rurales para desarraigar aquello que los españoles denominaban «idolatrías». Con ello se refieren al culto de las momias de los ancestros, los elementos celestiales y muchos rasgos destacados del paisaje, como cumbres de montañas, fuentes y cuevas. Posteriormente examinaremos la información procedente de un par de documentos que emanan de las indagaciones de los sacerdotes en los Andes centrales y septentrionales. Centrémonos primero, sin embargo, en un excepcional texto del siglo XVII que fue elaborado con el mismo objetivo –desenmascarar las prácticas y creencias idolátricas– pero que contiene una de las más completas y coherentes descripciones de que disponemos con respecto a la mitología provincial.

## Los dioses y los hombres de Huarochirí

El texto al que nos vamos a referir es comúnmente denominado el «Manuscrito Huarochirí». La provincia de Huarochirí se sitúa hacia el este de la actual Lima, en la más occidental de las cadenas de montañas de los Andes centrales de Perú. El manuscrito, escrito en lengua quechua, data de hacia 1608. No sabemos en realidad quién puso por escrito el texto (es posible que sea la obra de un indígena), pero sabemos que la recopilación y elaboración se llevó a cabo bajo la dirección de un «extirpador de idolatrías» local, Francisco de Ávila. Para que podamos apreciar los acontecimientos y desarrollos preservados en este extraordinario documento, va a ser de gran ayuda ofrecer una vista general del medio ambiente social y político en el que se generó.

Los habitantes de la región de Huarochirí eran sobre todo miembros de ayllus de la etnia y grupo cultural de los yauyos. Los ayllus yauyos estaban divididos en dos sectores: *anan* («superior») *yauyos*, y *lurin* («inferior») *yauyos*. La información preservada en este manuscrito está escrita desde la óptica de dos subgrupos –los checa y los concha– del Yauyos Inferior. Como consideración clasificatoria general de estas gentes, se pensaba que los «yauyos» habían llegado a la región en una época tardía, como nómadas pastores que posiblemente entran en la zona procedentes quizá del sur. Los pastores yauyos invasores se establecieron en el área de Huarochirí, oponiéndose a las poblaciones autóctonas agrícolas de las tierras bajas. Sin embargo, de hecho, parece que las poblaciones nativas agricultoras eran igualmente de origen yauyo. Esto es, que los campesinos se habían desplazado hasta la región en un tiempo remoto, se asimilaron y fueron finalmente sobrepasados por esta tardía migración de pueblos descendientes de los mismos ancestros yauyos.

Huallallo Carhuincho era la deidad principal venerada por los pueblos indígenas yauyos. Huallallo era una divinidad volcánica terrible, con aliento de fuego, que gustaba de la práctica del canibalismo. Por ejemplo, había ordenado que cada familia del Yauyos Inferior podía tener tan solo dos hijos, y que uno de los niños debía serle entregado para comérselo. En estos tiempos primordiales, cuando Huallallo gobernaba sin impedimento, el clima de las tierras altas era comparable al de las llanuras costeras (las *yungas*); esto quiere decir que, como las yungas, el área de Huarochirí en aquellos días era cálido, y que la tierra estaba llena de grandes serpientes, tucanes, y todo tipo de animales asociados en épocas mas tardías con la costa. La divinidad principal de los mas tardíos invasores yauyos era Pariacaca. En el Manuscrito Huarochirí Pariacaca, que era asimismo el nombre de la cumbre de una alta montaña, es descrito como un huaca (objeto o lugar sagrado), que se desplazó a través del territorio encarnado como un héroe civilizador o como una deidad patrona. El relato mitológico de los orígenes del mundo, como se entendía en Huarochirí, comenzaba después de que Huallallo Carhuincho hubiera ejercido su dominio durante un cierto tiempo. El huaca Pariacaca vino entonces a la existencia en la cumbre de una montaña, en la forma de cinco huevos que se convirtieron en cinco halcones, que a su vez se transformaron en cinco hombres. Los autores del Manuscrito Huarochirí creían que estos hombres habían sido los ancestros de las principales familias y grupos culturales de los pastores yauyos tardíos que vivían en los alrededores. La poderosa deidad de la montaña –y huaca– Pariacaca desafió a Huallallo Carhuincho por la supremacía en el área. Pariacaca profetizó que pelearía con Carhuincho y lo expulsaría. Pariacaca dijo que batallaría con agua, en tanto que Huallallo se aplicó a la lucha con el fuego. El combate es descrito en el documento como sigue:

> «Pariacaca, puesto que era cinco personas, empezó a llover desde cinco direcciones diferentes. Esta lluvia era amarilla y roja. Entonces, brillando como un relámpago, centelleó desde cinco direcciones. Desde la mañana temprano hasta la caída del sol, Huallo Carhuincho ardió en la forma de un fuego gigante que casi alcanzaba los cielos, no dejando nunca que se extinguiera. Y las aguas, las lluvias de Pariacaca, se precipitaron abajo hacia Ura Cocha, el lago Inferior. Ya que no habían podido llenarlo, uno de los cinco entes de Pariacaca, aquel llamado Llacsa Churapa, abatió una montaña y represó las aguas desde abajo. Una vez que se embalsaron las aguas, éstas formaron un lago... Cuando las aguas llenaron el lago casi sumergieron por completo ese ardiente fuego. Y Pariacaca arrojaba centelleantes relámpagos sobre éste, no dejándole reposo. Finalmente Huallallo Carhuincho huyó hacia las tierras bajas, los Antis [Antisuyu]».

Pariacaca luchó a continuación contra una huaca femenina, un demonio llamado Mana Ñamca, que era un aliado de Huallo Carhuincho. Pariacaca derrotó también a esta mujer, empujándola hacia el océano, al oeste. Pariacaca entonces estableció el culto a su persona. Estas luchas constituyen la sucesión de los acontecimientos que explican el desplazamiento de las poblaciones autóctonas agricultoras y su deidad, Huallallo Carhuincho, por parte de los invasores pastores yauyos, estos últimos adeptos principales al culto de Pariacaca.

El Manuscrito Huarochirí también testimonia la presencia de una divinidad llamada «Viracocha», el mismo nombre que la deidad creadora que ya habíamos encontrado en el mito de los orígenes del lago Titicaca. Los compiladores del documento Huarochirí declaraban ignorar si este Viracocha, que era llamado Coniraya Viracocha, vivió antes o después de los tiempos de Huallallo Carhuincho. Fuere lo que fuere, Coniraya Viracocha era sin duda una deidad creadora. Hizo los pueblos de la zona, y por medio tan solo de sus palabras creó los fértiles campos y las tierras agrícolas de la región. También creó los canales de irrigación, un acto que realizó sacudiendo la flor de un tipo de junco, llamado *pupuna,* para formar los canales.

Coniraya Viracocha solía pasearse como un mendigo, pidiendo limosna, vestido con ropas andrajosas y deshilachadas. La gente, que no le reconocía, le lanzaba insultos. En aquellos tiempos había una hermosa huaca en aquella región llamada Cavillaca. Era virgen, y Coniraya decidió desesperadamente que había de yacer con ella; sin embargo, la hermosa Cavillaca no quería nada con él. Un día, Cavillaca estaba tejiendo bajo un árbol *lúcuma*. Se trata de un tipo de árbol siempre verde, común en la zona costera y que ofrece un fruto de pulpa naranja amarillento. Coniraya Viracocha se transformó a sí mismo en un pájaro y voló hasta el árbol *lúcuma*. Puso su semen en un fruto maduro y lo arrojó junto a Cavillaca. La mujer lo comió con ganas y se quedó encinta. Nueve meses después Cavillaca dio a luz a un niño, sin saber aún quien era su padre.

Cuando el niño tenía un año de edad, Cavillaca se decidió a encontrar a quien la había dejado encinta. Así pues, convocó a todos los *vilcas* y *huacas* –las poderosas deidades masculinas, las montañas y otros lugares sagrados–. Los vilcas y huacas llegaron ataviados con sus más espléndidas galas, todos diciendo con excitación. «¡Soy yo, es a mí a quien ella ama!». Coniraya Viracocha llegó también, pero todavía ataviado con los harapientos andrajos. Cuando se hubieron sentado todos los vilcas y huacas, Cavillaca les preguntó quién de ellos era el padre del niño. Ya que ninguno decía nada, Cavillaca puso al niño en el suelo, diciendo que gateara hasta su padre. El niño gateó a lo largo de la línea de vilcas y huacas sentados hasta que llegó a Coniraya Viracocha. El crío se puso entonces muy contento y saltó al regazo de su padre.

Cavillaca se puso furiosa ante el giro de los acontecimientos. ¿Cómo podía ella haber dado a luz a un niño de un mendigo como ése? Enfurecida, arrebató al niño y se encaminó en dirección al océano. Llegó al mar cerca del lugar de Pachacámac, el gran centro de peregrinación, y oráculo, de la costa central (justo al sur de la actual Lima). Aquí, Cavillaca y su hijo fueron transformados en piedra. Aún hoy pueden verse cerca de la costa, en las proximidades de las ruinas de Pachacámac. Coniraya Viracocha se alarmó ante lo que había sucedido, y decidió partir en busca de ellos. Se apresuró hacia la costa, preguntando a cuantos encontraba si habían visto pasar a Cavillaca.

En su viaje, Coniraya se encontró con una serie de animales y de aves: un cóndor, una mofeta, un zorro, un halcón y un periquito. A cada uno le preguntó por Cavillaca. Dependiendo de la respuesta que le daban –esto es, si le aportaban buenas o malas noticias–, les iba asignando correspondientemente buenos o malos rasgos y destino. Por ejemplo, cuando preguntó al cóndor por Cavillaca, el ave le respondió que estaba cerca y que Coniraya seguramente encontraría a su hijo. Coniraya le dijo al cóndor que le correspondería una larga vida, y que siempre tendría comida en abundancia, alimentándose de los animales muertos en las laderas de las montañas, y que si una persona pudiera matarlo (al cóndor), esa persona moriría inmediatamente. Sin embargo, cuando Coniraya preguntó a la mofeta si había visto a Cavillaca, la mofeta le dijo que nunca lo encontraría, porque se había ido lejos. Entonces Coniraya dijo a la mofeta que jamás, en adelante, podría salir a la luz del día; que sólo saldría de noche, apestando, y que la gente tendría asco de ella. En este viaje, Coniraya llevó a cabo la tarea de dar nombre a los animales y asignarles sus costumbres y características, al igual que en los mitos de la zona del lago Titicaca se cuenta que Conticci Viracocha hizo lo mismo en su propio viaje de creación desde las montañas hasta la costa de Ecuador.

Cuando Coniraya alcanzó la costa, marchó a la casa de Pachacámac. Aquí, llego al sitio en el que las dos hijas de Pachacámac estaban guardadas por una serpiente. La madre de las niñas, Urpay Huáchac, estaba lejos en ese momento. Coniraya sedujo a la hermana mayor, e intentó entonces hacer lo mismo con la pequeña. Pero antes de que pudiera tener éxito, la muchacha se transformó en una paloma y huyó volando. En aquellos tiempos no había aún peces en los océanos, el único que existía era alimentado por Urpay Huáchac, que lo cuidaba en una pequeña charca cercana al hogar de Pachacámac. En su furia, Coniraya Viracocha arrojó el pez al océano y desde entonces el mar se llenó de peces.

Coniraya Viracocha jamás tuvo éxito en su búsqueda de Cavillaca y su hijo. En lugar de ello, dice el Manuscrito Huarichirí, viajó a lo largo de la costa, «por

*El conjunto piramidal de Pachacámac, con el templo inca del Sol en la parte posterior.*

mucho, mucho tiempo, burlando a gran cantidad de huacas, y también de personas». Es particularmente notable que las andanzas de Coniraya Viracocha en la costa sean relatadas en el Manuscrito Huarochirí por gentes que vivían en los altos Andes. Este nexo mitológico entre los dos mundos, el de la costa y de la cordillera, nos induce a reconocer las estrechas relaciones entre los diferentes pueblos y recursos de las dos zonas. Vamos a explorar estas relaciones más directamente.

## Viracocha y Pachacámac

Parte del sentido de la mitología de los tiempos precolombinos, que continuó incluso en la época colonial, era el tratar de entender y de explicar las diferen-

cias y los vínculos entre dos mundos, el costero y el de las tierras altas. Uno de los medios por los que se refleja esta inquietud y exploración en los mitos es en la identidad de las divinidades creadoras, tales como Viracocha y Pachacámac. Ambos son representados en las leyendas de forma tal que parecen imágenes reflejadas en un espejo: en un momento dado son diferentes y se separan, mientras que acto seguido parecen ser idénticos. De hecho, la cuestión de la relación entre Viracocha y Pachacámac se complica más en el Manuscrito Huarochirí ya que las gentes de esta región –a medio camino entre los incas de las tierras altas del centro-sur, por un lado, y los yungas y otros pueblos de la costa, por otra parte– a veces reemplazan la oposición tierras altas/costa entre Viracocha y Pachacámac respectivamente, por la oposición entre el Sol y Pachacámac. Es decir, que el documento cita el punto de vista Huarochirí en el sentido de que: «En las tierras altas, dicen ellos, los incas adoraban al Sol como objeto de veneración, procedente del lago Titicaca, diciendo: "¡Es él quien nos ha hecho Inca!".

En las tierras bajas, ellos veneran a Pachacámac, diciendo: "¡Es él quien nos ha hecho Inca!"».

De acuerdo con uno de los estudiosos del Manuscrito Huarochirí (Salomon), este documento vincula, al mismo tiempo que yuxtapone, al creador de las tierras altas (el Sol) con el de la costa (Pachacámac). Quien está omitida en esta relación –aunque evocada en la anterior referencia al «Titicaca»– es la deidad creadora del interior Viracocha Pachayachiachic. Estas aparentemente contradictorias referencias a diferentes, aunque en muchos sentidos complementarias, deidades creadoras ha sido la causa de no poca confusión desde la época colonial hasta la actualidad. En general, parece que el creador es identificado con distintos nombres en las diferentes partes del imperio, pero reteniendo unas características similares y realizando parecidas obras de creación de un lugar a otro. Entre estos rasgos se encuentra el vestirse como un mendigo y castigar a aquellos que le ofenden bajo este aspecto, nombrar a los animales y aves del mundo y asignarles sus características, así como la creación, destrucción y recreación de la humanidad. Por el momento, vamos a centrar nuestra atención en Pachacámac, porque no hemos explorado todavía las características de esta manifestación de la deidad creadora andina en detalle.

Como se dijo anteriormente, el nombre de «Pachacámac» se refiere entre otras cosas a un lugar de peregrinaje de la costa central del Perú, unos pocos kilómetros al sur de Lima. El lugar posiblemente era reconocido como un importante oráculo en la temprana época del Horizonte Medio y fue posiblemente conocido, hasta la incorporación de este sitio al imperio inca, con el nombre de *Irma* o *Illma*. Cuando los incas conquistaron la costa central, tomaron posesión del lugar pero lo mantuvieron como oráculo y sitio de peregrinación. Además de ello, construyeron una amplio templo del Sol allí, instalando al lado del antiguo oráculo un culto con sacerdotes dedicados a la deidad solar (del interior) inca.

Antonio de la Calancha nos informa de uno de los principales mitos relativos a la deidad Pachacámac, un mito en el que el Sol y Pachacámac se asocian íntimamente uno con otro. De hecho, Pachacámac es introducido en el mito como «Hijo del Sol», situando por lo tanto a la deidad costera en una posición subordinada de cara a la deidad del altiplano. El mito cuenta lo siguiente (tal como aparece resumido en la obra de Franklin Pease; ver *Bibliografía*.

Al inicio de los tiempos, Pachacámac creó a una pareja humana, el primer hombre y la primera mujer. Sin embargo, no había alimentos para ellos y el hombre pronto murió. La mujer solicitó auxilio del Sol, ante lo cual éste la penetró con sus rayos. La mujer dio a luz a un hijo tan solo cuatro días después. Pachacámac se puso celoso y se enfureció ante estos acontecimientos, mató al niño y lo despedazó. Pachacámac utilizó entonces el cuerpo desmembrado para proveer las necesidades de alimento en la tierra. Esto es, que sembró los dientes del cadáver, y de ellos surgió el maíz. Plantó las costillas y los huesos, y surgieron de ellos los tubérculos de yuca y mandioca. La carne fue plantada y surgieron verduras, como pepinos, así como árboles frutales.

Entonces el Sol tomó el pene y el ombligo del cadáver y creó para sí a otro hijo; el niño fue llamado *Vichama* o *Villama*. Como su padre el Sol, Vichama quiso viajar y se puso en marcha. Cuando Vichama partió, Pachacámac mató a la mujer, la misma a la que también él había creado anteriormente. Esta mujer era en efecto la madre de Vichama, ya que Vichama fue creado –por medio de casi una clonación– a partir del pene y del ombligo del primer hijo de la mujer. Pachacámac dejó los restos de la mujer a los buitres y cóndores.

Pachacámac entonces creó a una nueva pareja humana, que empezaron a repoblar la tierra; también nombró a las autoridades (curacas) para gobernar al pueblo. Cuando Vichama regresó de su viaje, reunió los restos de su madre y de nuevo le devolvió la vida. Presa del miedo por la venganza por haber matado a la madre de Vichama, Pachacámac voló al océano, sumergiéndose en él frente al templo de Vichama/Pachacámac. Vichama transformó entonces a las gentes que Pachacámac había creado recientemente en piedra. Después se arrepintió de su acto y transformó las piedras que con anterioridad habían sido curacas en huacas.

Vichama entonces pidió a su padre, el Sol, que creara una nueva raza humana. El Sol envió tres huevos, uno de oro, otro de plata y otro de cobre. El huevo de oro fue el origen de los curacas y de los nobles; el huevo de plata dio origen a las mujeres; y del huevo de cobre salieron las gentes del pueblo y sus familias. En otro lugar a lo largo de la costa central y meridional, dice Calancha, se creía que Pachacámac había enviado cuatro estrellas a la tierra. Dos de estas estrellas eran masculinas y otras dos eran femeninas. En un primer momento fueron generados los reyes y la nobleza, y en un segundo momento las gentes del común.

La unión entre Pachacámac y el Sol en este mito podría bien representar otro ejemplo del proceso al que aludimos antes consistente en reelaborar los mitos locales para reflejar las concepciones de las tierras altas, de los incas. En esta ocasión, el Sol parece que representaría a los incas. Lo que por supuesto no conocemos es hasta qué punto las gentes de la costa central, de alrededor del poderoso oráculo de Pachacámac, toleraron realmente –o sea, asumieron de grado– esta reelaboración imperial de un mito local de los orígenes.

Como se dijo anteriormente, el mito de Pachacámac y del Sol más arriba contado se nos ha conservado en una crónica escrita hacia 1638 por Antonio de la Calancha. Aproximadamente por la misma época, un proceso de investigación de las idolatrías nativas en las tierras altas, hacia el este del lugar de Pachacámac, se ponía en marcha.

## Idolatría y persistencia de las creencias y prácticas precolombinas

El proselitismo sobre las poblaciones nativas andinas por parte de varias órdenes religiosas católicas empezó ya en los primeros días de la conquista, hacia 1530 ó 1540, y fue constante e intensa a un tiempo. Además, hacia el final del siglo XVI y comienzos del XVII, a medida que los sacerdotes iban penetrando en remotas regiones andinas, se hizo cada vez más patente que las poblaciones nativas de estos abruptos asentamientos montañosos continuaban adorando a las montañas, a divinidades creadoras «paganas» y a momias ancestrales, así como al sol, la luna y las estrellas.

*El sacerdote Cristóbal de Albornoz (izquierda) dirigiendo la captura de un acusado de idolatría.*

Este descubrimiento tuvo un gran impacto en el clero español, porque parecía indicar que, mientras que los ejércitos de España habían ganado hacia ya mucho tiempo la batalla contra las tropas incas, ellos podían estar perdiendo insospechadamente la guerra contra las divinidades nativas. Se requerían, pues, medidas drásticas para erradicar y exterminar el culto a los ídolos nativos, a las brujas y a los espíritus. De ahí que se realizara un gran número de campañas contra las prácticas idolátricas entre 1610 y 1690, en el transcurso de las cuales los sacerdotes católicos, apoyándose en los señores locales (curacas), interrogaron sistemáticamente a las poblaciones nativas acerca de los objetos o deidades que veneraban, sus métodos de curación de enfermedades, sus hábitos de predecir el futuro, así como otras creencias y prácticas «heréticas». Los registros de estas campañas, de los cuales tan solo un puñado han sido publicados, son conocidos como *idolatrías*.

Los documentos emanados de las campañas contra las idolatrías constituyen una fuente sin parangón sobre muchos aspectos de la vida cotidiana, incluyendo creencias y prácticas religiosas, en las comunidades andinas de aquellos tiempos. Además de eso, proporcionan una excelente base y buenos fundamentos para contextualizar e interpretar los grandes mitos cósmicos y del estado inca, ya que éstos fueron registrados en principio en documentos y crónicas «oficiales» –basados en las pesquisas de los españoles entre nobles informantes– acerca del pasado inca.

## Las idolatrías

El aspecto más ilustrativo de los registros de las idolatrías, después de cuatro siglos, es la íntima conexión que evidencian entre las gentes que formaban una comunidad y los espíritus que residen en objetos sagrados o que habitan en el paisaje que les rodea. Un conjunto particularmente rico y detallado de datos procede de las tierras altas del Perú central, alrededor de la ciudad de Cajatambo. Las gentes de esta zona, como las de otras partes de los Andes durante esta época, estaban divididos en numerosos ayllus. En Cajatambo, los ayllus estaban agrupados de acuerdo a los dos «tipos» de gentes que se consideraba habían poblado esta tierra: los Guari y los Llacuaz. Como vamos a ver, las características y las relaciones que definen a estos dos grupos son similares a lo anteriormente visto en el caso de los agricultores y los pastores en la región de Huarochirí.

Los Guari de Cajatambo eran aborígenes de las tierras bajas, habitantes del valle que habían fundado las ciudades que existían en la región. La deidad patrona de los Guari era un dios gigante, asociado con las cuevas, que en la literatura es denominado como «Huari». Estas gentes también veneraban al sol de la noche –es decir, al sol que pasaba a través del mundo inferior, viajando a través de un paisaje acuático desde la puesta de sol al amanecer–. Se decía que los ancestros de los Guari habían llegado a esta región en tiempos remotos desde el océano, al oeste, o desde el lago Titicaca. Los Guari eran predominantemente cultivadores de maíz, y veneraban amuletos sagrados, llamados *canopas,* que se creía que controlaban las fertilidad de los maizales.

El otro sector de la patente dualidad social de la región de Cajatambo estaba compuesto por las poblaciones Llacuaz. Se trataba de habitantes de la puna –tierras altas– cuya economía se basaba en el cultivo de la patata y en el pastoreo de llamas y de alpacas. La divinidad principal de los pueblos Llacuaz era «Llibiac», que en principio era un dios del trueno y del rayo. Los Llacuaz también veneraban al sol del día –o sea, al sol desde el amanecer hasta el crepúsculo–, así como a las estrellas. Se consideraba que los Llacuaz habían llegado a la región en un momento posterior, como emigrantes que habían entrado en el territorio en un tiempo no demasiado distante y que habían conquistado a los Guari.

La vida ritual en los asentamientos de Cajatambo conmemoraba la conquista de los Guari por los Llacuaz, así como el establecimiento a continuación de una confederación entre los dos grupos. Cada sector de esta doble confederación adoptó determinados rituales y ceremonias de la otra parte. De esta forma la liturgia se celebraba de forma recíproca: los Guari celebraban ritos en pro de los Llacuaz y viceversa. Los dos grupos también realizaban celebraciones conjuntamente, o también conjuntamente veneraban a determinados elementos sagrados, así como a numerosos puntos del paisaje que se relacionaban con lugares de enterramiento de las víctimas del sacrificio, los capacochas. Estas víctimas sacrificiales creaban vínculos entre estas poblaciones locales y los incas, siendo estos últimos considerados por los Guari y los Llacuaz como los señores de toda la tierra.

Cada uno de los diferentes ayllus de Guari y de Llacuaz tenían lazos especiales con el territorio que les rodeaba, como, por ejemplo, con las cimas de montañas, fuentes y cuevas. Se creía que los huacas ejercían influencia sobre las vidas y el destino de cada particular ayllu o grupo de gente que le rindiera veneración.

Los más poderosos huacas estaban en las cimas de las montañas. Cada uno tenía su propio nombre, espíritu (o espíritus) y una especial relación con otras montañas de la región. Además de ello, cualquier roca especialmente grande, de las del tipo de las llamadas *huancas,* se consideraba sagrada y se creía que representaba o contenía la esencia de los ancestros de uno o mas ayllus locales.

Las tradiciones mitológicas de los ayllus dentro de la región de Cajatambo se componían de largas historias que relataban cómo las esencias espirituales de los ancestros de estos ayllus llegaron a habitar en las montañas colindantes, eminencias rocosas, y otros elementos sobresalientes del paisaje. Las leyendas contaban también cómo estos lugares y entidades sagrados habían tenido contacto los unos con los otros en el pasado remoto. Otro elemento de la naturaleza que poseía gran significación ritual y mitológica para los habitantes de Cajatambo eran las múltiples cuevas, llamadas *machay,* que salpicaban las laderas de las montañas. Como hemos visto anteriormente, las cuevas tienen un importante lugar en los mitos incas acerca de los orígenes del primer rey del imperio. En Cajatambo, los lugares de origen de los ancestros de los ayllus de los Guari y los Llacuaz eran asimismo cuevas, que también eran el lugar de reposo de las momias *(malquis)* de los miembros fallecidos del ayllu.

El número de momias ancestrales conservadas en estas cuevas era asombroso. Por ejemplo, un relato acerca de las idolatrías de 1656-1658 establece el siguiente listado de momias ancestrales halladas en cuevas o en asentamientos abandonados alrededor de la población de San Pedro de Hacas: en Yanaqui, 214 cadáveres; en Quirca, 417; en Ayllu Carampa, 738 cuerpos; y en Ayllu Picoca, ¡402 cuerpos! Estas colecciones de malquis eran veneradas por los habitantes de los respectivos asentamientos. Las momias eran ataviadas con vestidos nuevos en determinados momentos del año, y se les preparaban ofrendas de comidas y bebidas en las épocas de la siembra y de la cosecha.

La información contenida en las idolatrías revela ciertamente que, incluso uno o dos siglos después de la conquista española, los pueblos de las comarcas rurales andinas veían el pasado y el presente, los vivos y los muertos, así como a la tierra y las gentes que la pueblan, como interrelacionados y plenamente complementarios. La oposición complementaria entre pueblos de las tierras bajas y de las alturas, pueblos autóctonos e inmigrantes, conquistadores y conquistados, cultivadores de patatas (y pastores) y de maíz, entre el sol y la luna, y otras muchas divisiones similares que aparecen en las creencias de Cajatambo en el siglo XVII son perfectamente asimilables a creencias parecidas descritas en las crónicas más tempranas del imperio inca.

Estas creencias, que constituyen los fundamentos religiosos e ideológicos de los mitos que detallan la naturaleza de las relaciones entre los ayllus y los grupos étnicos del imperio, continuaron informando las tradiciones mitológicas de los pueblos andinos durante buena parte de la era colonial. Pero más allá de las similitudes entre las creencias y los mitos de los períodos prehispánicos y coloniales, hay también tradiciones que enlazan las dos eras; éstas fueron –y son todavía– relatadas en las aldeas a lo largo y ancho de los Andes en forma de mitos, tales como los que se centran en la muerte y la premonición del renacimiento del inca. ❐

# El pasado inca en el presente andino

Los estudios etnográficos en las comunidades andinas no comenzaron hasta después de la Segunda Guerra Mundial. Hacia el final de los años 50, un grupo de antropólogos recopilaron el corpus de mitos y leyendas de las poblaciones de habla quechua y aymara a lo largo y ancho de los Andes. Hay especialmente dos tradiciones mitológicas a resaltar que nos permiten apreciar hasta qué punto la imagen y la persona del inca mantuvo –y mantiene– una amplia aceptación, al tiempo que aclara también la utilización que se hace de estos mitos en la zona andina. Una de estas tradiciones se refiere a un corpus de mitos relacionados con lo que podríamos denominar el tópico del «inca que muere y renace». Tales mitos, compartidos por muchas comunidades a lo largo de la cordillera andina, suponen la fuente para un sentimiento de unidad panandina, de forma análoga a los mitos cósmicos del lago Titicaca como lugar de los orígenes tal como eran contados en la época inca. El otro modelo de mito que vamos a ver brevemente aquí se centra en los nexos entre los mitos locales de los orígenes y la legitimación de las estructuras locales y estatales. A este respecto es muy interesante que nuevamente vamos a tener que centrar nuestra atención en los usos de los mitos de los orígenes de la ciudad de Pacaritambo, el lugar originario del primer inca, Manco Cápac.

## El Inca que muere y renace

Muchos mitos acerca de los incas que son compartidos ampliamente a lo largo de los Andes en la actualidad se articulan en torno al tema milenarista del retorno del inca. El personaje central en estos mitos es *Inkarrí,* un nombre basado en la combinación de las palabras «inca» y «rey».

El mito de Inkarrí es milenarista en el sentido de que profetiza un momento futuro en el que el mundo andino sufrirá una transformación en medio de un cataclismo que supondrá la destrucción del orbe de dominio hispano, que está vigente desde la invasión europea en el siglo XVI, y la reinstauración del inca como gobernante supremo. El tono milenarista se ajusta perfectamente con la ancestral noción andina de «pachacuti», la revolución, o trastorno del tiempo y del espacio. Un cierto número de versiones del mito del Inkarrí fueron recopiladas hacia los años 50 del siglo XX por el gran antropólogo peruano José María Arguedas en la ciudad peruana meridional de Puquio. Una de las versiones del mito reza como sigue:

«Se dice que Inkarrí era el hijo de una mujer salvaje. Su padre, se dice, fue el Padre Sol. Esta mujer salvaje dio a luz a Inkarrí; el Padre Sol engendró a Inkarrí.

El rey inca tenía tres mujeres. El trabajo del inca estaba en Ak'nu. En la Llanura de K'ellk'ata estaban cociendo el vino, la *chicha* [cerveza de maíz] y el aguardiente.

Inkarrí dirigió las rocas con una fusta, dándoles ordenes. Después, fundó una ciudad. K'ellk'ata bien podría haber sido Cuzco, así se dice.

...Inkarrí confinó al viento... [y] ató al Padre Sol, de manera que el tiempo duró, de forma que el día se prolongó, de manera que Inkarrí fue capaz de hacer lo que tenía que hacer.

Cuando ató el viento a la montaña [de Osk'onta] arrojó una vara de oro desde la cima del Gran Osk'onta, diciendo, "¿Es apropiado Cuzco?". No es apropiado en la llanura de K'ellk'ata. Entonces arrojó la vara más lejos, diciendo: "No es apropiado". Cuzco se trasladó hasta donde está. ¿Cómo de lejos debe ser esto? Nosotros los vivientes no lo hemos de conocer. La antigua generación, anterior a Atahualpa, conoció eso.

El inca español apresó a Inkarrí, su igual. Dónde, no lo sabemos. Ellos dicen que lo que quedó de Inkarrí fue su cabeza. A partir de la cabeza está creciendo; hacia sus pies está creciendo, se dice.

Entonces habrá de regresar, Inkarrí, cuando su cuerpo se complete. No ha regresado hasta ahora. El regresará a nosotros, si Dios lo quiere. Pero nosotros no conocemos, se dice, si Dios decidirá que él debe regresar».

*La decapitación de Atahualpa.*

El origen del mito Inkarrí, tal como se contaba en Puquio y en muchas otras ciudades, aldeas y asentamientos de los Andes, parece retrotraerse a los acontecimientos ocurridos durante los cuarenta años, poco más o menos, que sucedieron inmediatamente a la conquista española. Un acontecimiento fundamental fue la decapitación del último inca gobernante, Atahualpa, por Francisco Pizarro, poco después de la derrota de los ejércitos incas en Cajamarca. El otro acontecimiento principal traumático fue la decapitación también de un líder nativo por las autoridades españolas; en este caso la víctima fue Tupac Amaru, que había dirigido una revuelta contra los españoles entre 1560 y 1570. Tupac Amaru fue ajusticiado en la plaza de Cuzco, por orden de Francisco de Toledo, en 1572.

En ambos casos de decapitación de un inca –en el segundo episodio, de un neoinca– se difundió por todo el país la noticia de que la cabeza había sido robada y enterrada. En algunos relatos, se dice que la cabeza fue llevada a Lima; en otros, que fue llevada a Cuzco. En las dos tradiciones, una vez que la cabeza se puso en la tierra, se creía que el cuerpo había empezado a crecer de nuevo. Cuando el cuerpo se complete, el inca retornará, y el mundo emprenderá un nuevo pachacuti.

## Viviendo –y usando– el lugar inca del origen

La ciudad de Pacaritambo, emplazamiento de la cueva de Tambo Toco, lugar tradicional de nacimiento de Manco Cápac y de sus hermanos, queda a unos 26 kilómetros al sur de la antigua capital inca de Cuzco. Habiendo vivido yo mismo en esa ciudad durante más de dos años de trabajo de campo, hacia los años 80, puedo dar testimonio del extraordinario interés y orgullo, por parte de las poblaciones locales, con relación al papel que le corresponde a esta localidad en la historia del Perú. Continuamente la gente señala lugares del paisaje –un afloramiento rocoso con lo que parece ser la huella de las patas de una llama impresa en la piedra, una hendidura en una roca, la cumbre cortada de una montaña–, que se supone son marcas visibles del paso de los incas a comienzos del tiempo. A un kilómetro poco más o menos de la ciudad hay una pequeña caverna, que los residentes locales identifican con el lugar de Tambo Toco. Y ciertamente que el paisaje de alrededor de la ciudad y de la cueva parece vestigio viviente de los mitos incas de los orígenes.

De hecho, el *status* de Pacaritambo como el lugar de origen de los incas es vigorosamente proclamado en los textos de enseñanza primaria emitidos por el gobierno, utilizados en la actualidad a lo largo del Perú, que relatan una versión abreviada en formato infantil del mito inca de los orígenes. Esta versión oficial del mito de los orígenes es una fuente de orgullo para las gentes de la ciudad, pero además de la importancia local de continuar identificando Pacaritambo como el lugar originario del primer inca, esta tradición ha sido ocasionalmente utilizada por advenedizos de manera a veces bastante novelesca. Quizás uno de los casos más llamativos sea el del expresidente del Perú Fernando Belaunde Terry.

Tras acceder por vez primera al cargo, Belaunde Terry visitó Pacaritambo en un gesto que quería incorporar subliminalmente en los fundamentos de su presi-

*La cueva considerada en la actualidad como Tambo Toco.*

dencia la legitimidad que concedía el contacto con el lugar originario del primer rey inca. El presidente cogió un helicóptero desde Cuzco, aterrizando en la plaza central de Pacaritambo. Entonces recibió un bastón de mando tradicional, o vara, estrechó las manos de las autoridades locales, y regresó después de nuevo en helicóptero hasta Cuzco, desde donde volvió al palacio presidencial en Lima. Todavía en la actualidad, gente que estuvo en la plaza y que quizás estrechara la mano del presidente, cuenta la historia de su (vertiginosa) visita, exagerando varios elementos del relato en beneficio de sus paisanos.

Sea cual sea el auténtico carácter de los incas en sus propios tiempos, a pesar de todo, y esté o no creciendo el cuerpo del ultimo inca a partir de su cabeza hasta el día presente, la memoria y la imagen de los incas continúan sustentando un poder tremendo y un gran significado para el pueblo que vive en la tierra que una vez fue Tahuantinsuyu. ❒

## BIBLIOGRAFÍA

Hay un considerable número de libros recientemente publicados en inglés que proporcionan buenas y generales panorámicas de la arqueología andina, incluido el imperio inca. Entre estos están: Michael E. Moseley, *The Incas and their Ancestors* (Londres, 1992); Adriana von Hagen y Craig Morris, *The Cities of the Ancient Andes* (Londres 1998); y Jonathan Haas, Sheila Pozorski y Thomas Pozorski (eds.), *The Origin and Development of the Andean State* (Cambridge, 1987). Otros estudios de tipo arqueológico que se refieren a la evolución que en la zona andina dio lugar a los incas son: Richard Burger, *Chavin and the origin of Andean Civilization* (Londres 1992); Alan Kolata, *Tiwanaku: Portrait of an Andean Civilization* (Oxford y Cambridge MA, 1993); Katharina J. Schreiber, *Wari Imperialism in Middle Horizon Perú* (Ann Arbor 1992); y William H. Isbell, *Mummies and Mortuary Monuments* (Austin, 1997).

Con respecto a los estudios arqueológicos y etnohistóricos que se centran específicamente en los incas, ver Brian S. Bauer, *The Development of the inca State* (Austin, 1992) y Martti Pärssinen, *Tawantinsuyu: The Inca State and Its political Organization* (Helsinki, 1992). Una de las mejores síntesis de la cultura inca en la época tardía prehispánica la constituye John H. Rowe, «Inca Culture at the time of the Spanish Conquest», en Julian H. Steward (ed.), *Handbook of South American Indians*, vol. 2, Boletín 143: 183-330 (Washington DC, 1946). Para un trabajo que documenta las relaciones entre el Estado y los ayllus en la organización económica andina, véase John V. Murra, *The Economic Organization of the Inca State* (Greenwich CT, 1980). La fuente estándar para el estudio de la organización social, ritual y política del Cuzco incaico es R. Tom Zuidema, *The Ceque System of Cuzco: the social organization of the capital of the Inca* (Leiden, 1964).

Hay escasos trabajos que ofrezcan una buena panorámica sobre los cronistas que escribieron acerca de los mitos y de la historia inca. Uno de los trabajos de más calidad y capacidad de síntesis es Raúl Porras Barrenechea, *Los Cronistas del Perú (1528-1650)* (Lima 1986). Para un conjunto de estudios acerca de los cronistas nativos andinos, véase Rolena Adorno (ed.), *From oral to written expression: Native Andean Chronicles of the early Colonial Period* (Syracusa, 1982). El lector también puede acudir a las traducciones de pasajes selectos de varios cronistas con relación a los mitos incas en Harold Osborne, *South American Mithology* (Londres, 1968). El mejor estudio hasta la fecha que discute los fundamentos intelectuales y teológicos de muchos de los cronistas en relación con sus relatos de las historias míticas de los incas es Sabine MacCormack, *Religion in the Andes: vision and imagination in Early Colonial Perú* (Princeton NJ, 1991).

Con respecto a obras centradas en los mitos cósmicos de los orígenes que se desarrollan en torno al lago Titicaca y Tiahuanaco, ver Veronica Salles-Reese, *From Viracocha to the Virgin of Copacabana: Representation of the Sacred at lake Titicaca* (Austin, 1997); Therese Bouysse-Cassagne, *Lluvias y ceniza: dos Pachacuti en la historia* (La Paz, 1988); y Franklin Pease, *El Dios Creador andino* (Lima, 1973).

Para un estudio específicamente centrado en el papel de los residentes de la ciudad de Pacaritambo en tiempos coloniales y su papel preservando los mitos incas del origen que ponen el acento en esta ciudad, ver Gary Urton, *The history of a Myth: Pacariqtambo and the origin of the Inkas* (Austin, 1990). Para un estudio general del mito inca de los orígenes, y su relación con la organización política de la capital, ver R. Tom Zuidema, *Inca Civilization in Cuzco* (Austin, 1990). Un relato bueno y de fácil lectura de la conquista española de los incas que incide especialmente en la historia de la región de Cuzco en la época colonial temprana es John Hemmings, *The Conquest of the Incas* (Nueva York y Londres, 1970).

Para un excelente recopilación de artículos centrados en las historias míticas y en los restos arqueológicos de las sociedades de Chimu y otras de la costa norte del Perú, ver María Rostworowski de Díez Canseco y Michael E. Moseley (eds.), *The Northern Dynasties: King-*

*hip and Statecraft in Chimor* (Washington DC 1990). Sobre este mismo tema ver María Rostworowski, *Costa peruana prehispánica* (Lima 1989). Para una excelente síntesis del contexto cultural para la lectura del Manuscrito Huarochirí, al igual que una definitiva transcripción y traducción al inglés del propio texto quechua, véase Frank Salomon y George L. Urioste, *The Huarochirí Manuscript* (Austin, 1991). Kenneth Mills, *Idolatry and its Enemies: Colonial Andean Religion and Extirpation*, 1640-1750 (Princeton NJ, 1997) es un excelente estudio de los procesos y relatos referentes al problema de la idolatría. Además de ello, muchos de los documentos que derivan de las investigaciones por idolatría y los juicios en la región de Cajatambo han sido reunidos en Pierre Duviols, *Cultura andina y represión: procesos y visitas de idolatrías y hechicerías Cajatambo, Siglo XVII* (Cuzco, 1986).

Referencias a unas cuantas versiones de los mitos de Inkarrí pueden encontrarse en la breve etnografía de Puquio publicada con la novela de José María Arguedas, *Yawar Fiesta* (Austin, 1985). Para un excelente estudio de los mitos de Inkarrí, véase Mercedes López-Baralt, *El retorno del Inca Rey: mito y profecía en el mundo andino* (Fuenlabrada 1987). Acerca del tema de las utopías y la ideología milenarista en el Perú contemporáneo, ver Alberto Flores Galindo, *Buscando un inca: identidad y utopía en los Andes* (La Habana, 1985).

**Créditos fotográficos**

*Portada* (1921, 7-21.1), *p. 9* (1926, 7-8.19; 46, 12-17.28; 1911, 10-13.6; 1946, Am11.1; 1933, 3-15.38), *p. 19* (1909, 12-18.96), *p. 20* (1933, 2116.3), *p. 26* (1907, 0319.286), *p. 27* (1950Am22.2), *p. 32* (Am1997Q.780), *p. 51* (1947Am10.39), *p. 59* (1842, 6-24.3), *p. 61* (1921,1027.28): The Trustees of the British Museum; *pp. 12, 16, 18, 21, 22, 23, 24, 34, 35, 50, 51, 66-67, 76:* el autor; *pp. 42, 43, 46, 47, 49, 70, 74:* Guamán Poma de Ayala, *Nueva Crónica y Buen Gobierno,* Siglo Veintiuno, México, D. F., 1980 (respectivamente, figs. 48, 53, 57, 63, 120, 675, 390); *p. 17:* Michael Moseley, *The Incas and Their Ancestors,* Londres, 1992 (frontis); *p. 53:* J. Ossio, *Los retratos de los Incas en la crónica de Fray Martín de Murúa,* Lima, 1985 (pl. 5); *p. 60:* Christopher Donnan, «The Chotuna Friezes and the Chotuna-dragon Connection», en M. E. Moseley y A. Cordy-Collins (eds.), *The Northern Dynasties,* Washington, D. C., 1990 (fig. 2).

# Índice de nombres